青岛市精品校（园）本课程系列丛书

教科书里没有的精彩

青岛市教育科学研究院 编

山东教育出版社

图书在版编目（CIP）数据

教科书里没有的精彩 / 青岛市教育科学研究院编 . — 济
南：山东教育出版社，2021.4
（青岛市精品校（园）本课程系列丛书）
ISBN 978-7-5701-1058-2

I . ①教… II . ①青… III . ①素质教育－高中－教学参
考资料 IV . ① G631

中国版本图书馆 CIP 数据核字（2020）第 062129 号

QINGDAO SHI JINGPIN XIAO（YUAN）BEN KECHENG XILIE CONGSHU
JIAOKESHU LI MEIYOU DE JINGCAI

青岛市精品校（园）本课程系列丛书
教科书里没有的精彩　　　　　　　　　青岛市教育科学研究院　编

主管单位：山东出版传媒股份有限公司
出版发行：山东教育出版社
　　　　　地址：济南市市中区二环南路 2066 号 4 区 1 号　　邮编：250003
　　　　　电话：（0531）82092660　　网址：www.sjs.com.cn
印　　刷：山东新华印务有限公司
版　　次：2021 年 4 月第 1 版
印　　次：2021 年 4 月第 1 次印刷
开　　本：787 mm × 1092 mm　1/16
印　　张：9
印　　数：1 – 1500
字　　数：180 千
书　　号：ISBN 978-7-5701-1058-2
定　　价：25.00 元

（如印装质量有问题，请与印刷厂联系调换）印厂电话：0538-6119313

青岛市精品校（园）本课程系列丛书

编写委员会

总序

习近平总书记在2018年全国教育大会上强调，要努力构建德智体美劳全面培养的教育体系，形成更高水平的人才培养体系。要把立德树人融入思想道德教育、文化知识教育、社会实践教育各环节，贯穿基础教育、职业教育、高等教育各领域，学科体系、教学体系、教材体系、管理体系要围绕这个目标来设计，教师要围绕这个目标来教，学生要围绕这个目标来学。凡是不利于实现这个目标的做法都要坚决改过来。

青岛市教育科学研究院以学校课程建设与实施为抓手，围绕课程教材体系和人才培养体系建设目标，从学校和一线教师开发的校本课程中，精选出部分基于学生核心素养提升的课程成果，组织开发建设了超过1 000门精品学校课程。在邀请国内知名课程专家进行专业指导，引领学校实践验证、完善优化和提炼提升的基础上，通过网上精品课程超市、课程建设现场会、新闻媒体和专业报刊系列报道、课程成果推介会、专家论证会等形式，广泛宣传、推介和展示学校的优秀课程成果，引导社会、学校、教师和学生共享优质课程资源，从而使所提供的校本课程资源真正意义上成为国家课程、地方课程的有益补充，为学校文化建设、学校特色创建、学生个性发展和区域教育均衡发展搭建了相互学习与借鉴的平台，也为区域推进学校课程建设提供了案例和典范。

青岛市精品校（园）本课程系列丛书的面世，是青岛市高效推进学校课程建设与实施的有力佐证，也是我国课程改革深入推进的重要成果之一，是贯彻落实《中共中央国务院关于深化教育改革，全面推进素质教育的决定》，落实国家课程、地方课程和校本课程三级课程管理体制，赋予地方和学校更大的课程决策权的典型实践案例。通过共享精品课程资源的学习，帮助学生形成其终身发展和社会发展需要的必备品格和关键能力，提升学生的个人修养、社会关爱和家国情怀，实现自主发展、合作参与和创新实践；同时也为一线从事校本课程开发建设和实施的广大教师打开了一扇新的窗户。

青岛市在解决"培养什么人、怎样培养人、为谁培养人"根本问题，全面推进教育现代化，全面提升教育教学质量方面又迈出了可喜的一大步。

教育部课程教材研究所　田慧生

2018年12月

致同学们

　　亲爱的同学们，在我们的青春岁月中，要么读书，要么旅行，身体和灵魂总有一个在路上。要让书籍开阔我们的视野，让文化浸润我们的心田。当你翻开这本书，一定会发现不一样的精彩：它不再是单一学科的视角，不再是枯燥的知识堆砌，不再是某一领域的呈现。希望这门课程能陪你一起踏上人文之旅，在丰富知识结构的同时视野更加开阔。我们希望用综合的视角、探究的方式带你感受人文情怀，感知世界的温度，更好地与这个世界相遇。

　　根据高中阶段的课程安排和同学们的知识储备，本书呈现了七个专题，涉及经济、政治、文化、科技、外交、军事等领域发展的成就、成果。

　　集装箱小骞带你一起漂流，穿越古老的"丝绸之路"，切身感受"一带一路"的成就；一条小鱼带你去往南海，听涛声诉说南海的昨天与今天；一条世界上最长的铁路线，带你领略沿线风光，了解形式多样的国际组织，一路风景一路歌；科技就像一颗闪耀在人类皇冠上的明珠，照耀着中华民族的复兴之路；听听中国娃讲的中国故事，从中领略中华优秀传统文化的独特魅力；护照背后的故事带你走进外交那些事，为我们揭开外交活动的神秘面纱，感受中国外交的庄重、威仪和智慧，深刻理解新时代伙伴关系的战略意义；强国强军就是一把捍卫未来的亮剑，这个梦想同中国梦一起律动，中国人民从站起来到富起来，再到强起来，我们的底气越来越足，腰板越来越硬。让我们一同走进精彩的中国与世界！

　　历史和现实都告诉我们：青年一代有理想、有担当，国家就有前途，民族就有希望，实现我们的发展目标就有源源不断的强大力量。同学们即将成年，很快就要走进社会，学习本课程有助于大家了解社会发展的方方面面，了解真实的世界；有助于同学们以深邃的目光、开放的心态，胸怀祖国，放眼世界，继承和发扬中华优秀文化；有助于同学们坚定地投身于建设新时代中国特色社会主义的信念，为实现中华民族伟大复兴而奋斗！

　　预祝同学们学习快乐！

目 录

专题一
一只集装箱的奇幻漂流

2 100多年前，在悠悠的驼铃声和深深的车辙里，沙漠、雪山、绿洲绵延千里，使节、商队、旅者川流不息……600多年前，凭借着先进的航海技术，商人们从中国沿海港口出发，运送香料、茶叶、丝绸、瓷器，在东西方之间做起了跨洋生意。

我是集装箱代表小骞，让我们穿越时空，去"古丝绸之路"看一看。

古今丝绸之路

追忆"古丝绸之路"

"古丝绸之路"广义上分为"陆上丝绸之路"和"海上丝绸之路"。"陆上丝绸之路"起源于西汉汉武帝派张骞出使西域，以首都长安（今西安）为起点，经甘肃、新疆，到中亚、西亚，并连接地中海各国的陆上通道。"海上丝绸之路"是古代中国与外国开展贸易和文化交往的海上通道，也称"海上陶瓷之路"和"海上香料之路"。"海上丝绸之路"萌芽于商周，发展于春秋战国，形成于秦汉，兴于唐宋，转变于明清，是已知最为古老的海上航线。

文明使者 张骞（前164年—前114年），字子文，汉中郡城固（今陕西省城固县）人，中国汉代杰出的外交家、旅行家、探险家。张骞富有开拓和冒险精神。建元二年（前139年），张骞奉汉武帝之命，由匈奴人甘父做向导，率领一百多人出使西域，打通了汉朝通往西域的道路，即赫赫有名的"丝绸之路"。他将中原文明传播至西域，又从西域诸国引进汗血马、葡萄、苜蓿、石榴、胡麻等物种到中原，促进了东西方文明的交流。

鎏金铜蚕　小小的蚕见证了东西方文明"千丝万缕"的联系。据《石泉县志》记载，汉代，养蚕之风盛行，加之鎏金工艺的发展，鎏金蚕被作为纪念品或殉葬品。汉代的缫丝业达到高峰，大的作坊均为官府经营，织工多达数千人，丝织品颜色鲜艳，花纹多样，做工极为精致。西汉丝织品不仅畅销国内，而且能行销到中亚和欧洲。因此，中国通往西域的商路以"丝绸之路"驰名于世界。

元代沉船　1975年5月，韩国渔民在新安外方海域偶然打捞出了大量中国青瓷。1976—1984年，韩国考古界一直对此船进行发掘，并最终打捞出了沉船。从这条中国元代的沉船上，共发掘出了两万多件青瓷和白瓷，两千多件金属制品、石制品和紫檀木以及800万件、重达28吨的中国铜钱，这一考古成果震惊了世界。从沉船上的遗物可知，此船是14世纪早期，大约1323年前后（有木牌上保留"至治叁年"的墨迹），从中国的庆元（今宁波）出发前往日本的国际贸易商船，途中因台风等原因，最终沉没在高丽（今韩国）的新安外方海域。沉船及其遗物的打捞、发掘，充分还原了当时东亚贸易交流的盛况。

◎ 探讨交流

　　鎏金铜蚕和元代沉船都印证了"古丝绸之路"的繁华。你还知道哪些与"古丝绸之路"有关的故事呢？

知识链接

　　德国地理学家李希霍芬在其著作《中国——亲身旅行和据此所作研究的成果》中，把公元前114年至公元127年间，中国与中亚、中国与印度间以丝绸贸易为媒介的这条西域交通道路命名为"丝绸之路"。

　　1913年，法国汉学家沙畹首先提出了"海上丝绸之路"的概念。在其所著的《西突厥史料》中提出："丝路有陆、海两道。北道出康居，南道为通印度诸港之海道。"

古代航海者不曾想到：经过几个世纪的惊涛骇浪，今天，四大洋上的货船已经增加到30多万艘，承担着全球贸易80%的运量。"海上丝绸之路"再度成为世界最繁忙的航线之一。

"当代丝路"的提出

作为"古丝绸之路"东端的大国，在改革开放取得开创性成果和"中国道路"获得国际社会，特别是发展中国家高度认可的基础之上，中国筹划与"丝绸之路"沿线的国家和地区共同建造一条可以促进共同繁荣的"当代丝路"。

2013年9月7日上午，中国国家主席习近平在哈萨克斯坦纳扎尔巴耶夫大学作演讲，提出共同建设"丝绸之路经济带"。

演讲摘要 千百年来，在这条古老的"丝绸之路"上，各国人民共同谱写出千古传诵的友好篇章。两千多年的交往历史证明，只要坚持团结互信、平等互利、包容互鉴、合作共赢，不同种族、不同信仰、不同文化背景的国家完全可以共享和平，共同发展。这是"古丝绸之路"留给我们的宝贵启示。

知识链接

1941年，中国著名音乐家冼星海辗转来到哈萨克斯坦的阿拉木图，哈萨克斯坦音乐家拜卡达莫夫接纳了他，为他提供了一个温暖的家。在阿拉木图，冼星海创作了《民族解放》《神圣之战》《满江红》等著名音乐作品。他根据哈萨克民族英雄阿曼盖尔德的事迹创作出交响诗《阿曼盖尔德》，激励人们为抗击法西斯而战。

为了纪念这位伟大的中国音乐家，阿拉木图市命名了冼星海大街，大街的起始处矗立着高约3米的纪念碑。纪念碑呈三瓣莲花状，高低错落。最高的莲花瓣上刻有冼星海头像，3行镏金的俄文写着："谨以中国杰出的作曲家、中哈友谊及文化交流使者冼星海的名字命名此街为冼星海大街。"旁边一个莲花瓣上，用中文镏金大字注明。两个莲花瓣由一段五线谱连接，曲谱为交响诗《阿曼盖尔德》的首句。雕像的背面，分别用汉语、哈萨克语和俄语介绍了冼星海的生平。

◎ 探讨交流

　　古代"丝绸之路"沿线国与国之间互通、互学、互鉴给我们今天的发展带来怎样的启示?

　　开放带来进步,封闭导致落后;相通则共进,相闭则各退。一个国家强盛才能充满信心开放,而开放则促进一个国家强盛。

　　2013年,中国国家主席习近平应邀在印度尼西亚国会发表重要演讲,提出要发展好海洋合作伙伴关系,共同建设21世纪"海上丝绸之路"。

　　先人们见证了"古丝绸之路"的昨天;今天,我们集装箱成为新时代的"包裹",见证着"一带一路"沿线国家新的交往与互通……每当我看着码头上层层叠叠的集装箱,坐上多式联运的铁路快车,自豪感油然而生。

> **歌曲《路的呼唤》（部分）**
>
> 有波涛的海面就有风帆
> 风帆连成片　远航不孤单
> 我的祝愿用诗书相传
> 每一句都是爱的起点
> 朋友之间　坦诚相见
> 有福同享　有难同担
> 不达远方　怎么知道答案
> 感情在伸延　像丝绸一般
> 有一条路在呼唤
> 带着心穿越万水千山
> 千丝万缕　一脉相传
> 就注定了你我相见的今天
> 有一条路在呼唤
> 每颗心都是远洋的船
> 梦早已把船舱装满
> 爱是我们共同的家园　家园

丝路铸就新梦想

　　中国海关总署公布的数据显示,2020年,中国对"一带一路"沿线国家合计进出9.37万亿元,增长1%。中国商务部统计的数据显示,2020年中国在"一带一路"沿线国家新签承包工程合同额1 414.6亿美元,完成营业额911.2亿美元,分别占同期总额的55.4%和58.4%。

　　项目建设方面,亚吉铁路、比雷埃夫斯港、蒙内铁路等运营顺利,英国欣克利角核电站、中老铁路等建设稳步推进。截至2019年底,中国企业在沿线国家建设的境外经贸合作区,累计设资350亿美元,为当地创造就业岗位32万个,上缴东道国税费超过30亿美元。

　　为迎接来自"一带一路"以及全球的商品，中国新增上万个保税仓库。每天，快递员穿梭在大街小巷，将来自于世界各地的千万个包裹分发派送。在天津、上海等港口上岸的集装箱里，装载着很多来自"一带一路"沿线国家的牛奶、肉类、橄榄油、啤酒等物品。我国出口的货物种类也越来越丰富：笔记本电脑、汽车配件、轻纺织品、家电、家具、小商品等。

　　"一带一路"不仅拓宽了我们国家的经济发展空间，而且给沿线国家带来实惠，还切切实实影响了我们的生活。

◎ 探讨交流

　　"一带一路"如何影响着你的生活？谈谈你的体会。

　　沿着河西走廊，走过甘肃、新疆的"丝绸之路"，感受以色列、沙特阿拉伯等中亚、西亚各国宗教文化的碰撞，体验意大利、法国等欧洲国家的历史魅力；乘坐南太平洋的邮轮沿着"海上丝绸之路"的航线，领略东南亚诸国的海岛风情。

　　"一带一路"为各国人民的友好交往和文化、科技、教育、旅游等活动提供了便利和机遇，形成了不同文明相互理解、相互包容的发展格局和共享机制，为构建人类命运共同体奠定了思想文化基础。

拓展阅读

　　来自"一带一路"沿线国家的青年票选出心中的中国新"四大发明"，即"国家名片"——高铁、网购、支付宝和共享单车。

　　尼泊尔姑娘那比娜对高铁和移动支付着迷。"选高铁是因为我的国家地形特殊，只能走公路，但很容易发生交通事故。如果我们也有高铁，出行会变得很方便，而且快。"高铁作为"中国制造"的新名片，自2009年实施"走出去"战略以来，已经建立起互通互联的世界"动脉"。

　　带有移动互联网"烙印"的新生活方式更受青睐。罗马尼亚的瓦伊达曾经夜里被饿醒，他决定下楼买吃的。他停在遇到的第一辆共享单车前，掏出手机扫一扫，骑到便利店买完东西又回去睡觉，购物也没有用到现金。

　　古代中国指南针和活字印刷术问世，拉近了世界物理和文化的距离，茶叶和丝绸更是串联起了丝路沿线几千年的商贸交流。如今，中国全面"拥抱"移动互联网，在向世界输出产品、资本、技术的同时，也在输出着新的生活方式。

网购、共享单车、移动支付、5G网络……成为这个时代中国的"茶叶和丝绸"。

他们的梦、我们的梦在"一带一路"倡议下互联互通的愿景已日益清晰和生动。通过共商、共建、共享，在古老的"丝绸之路"上，人类正在筑就和平发展的共同梦想。集装箱兄弟们，奔跑吧！

奔跑的集装箱

钢铁驼队

1 000多年前，阿拉伯商人们发现，同样远的路，骆驼可以比骡马省下一半的草料，驼队由此成为"古丝绸之路"上最经济的运输工具。如今，横贯亚欧大陆的中欧班列扮演的角色就是丝路上的新驼队。

从义乌发往西班牙马德里的货物，涵盖日用小商品、服装、箱包、五金工具等近2 000种中国制造的商品，而从马德里返回中国的列车则满载着橄榄油、火腿、红酒、啤酒、罐头以及护肤品、营养保健品等数百种西班牙商品。为了确保货物"宝宝"们安全地抵达目的地，针对不同的商品对环境的要求不同，采取合适的措施，从重庆运往俄罗斯的笔记本电脑在经过西伯利亚地区的时候就让保温箱上场；从波兰等地运回来的肉类要保鲜，保冷箱就大显身手。

横跨亚欧大陆的新旅途并非一路畅通，因为途经国家的铁路轨道宽窄不同。要想班列顺利到达欧洲，要在哈萨克斯坦、波兰以及法国与西班牙的交界处完成三次换轨。中国铁路的轨距是宽度为1 435毫米的国际标准轨距，而哈萨克斯坦的轨距是1 520毫米，为宽距，两个宽度相差85毫米。换轨，实际是换车，即用塔吊将火车上的集装箱吊运到另外一列火车上。除了换轨，途经的7个国家的政策和文件格式都不一样，一旦要停下来检查，整个运输的时间就会加长。除此之外，国际贸易还面临着来自贸易"壁垒"的困扰。根据世贸组织的统计，"一带一路"沿线主要国家通报的技术性贸易"壁垒"超过600项。

◎ 探究交流

谈谈丝路新驼队开通的重要作用以及让货物"宝宝"们顺利奔跑的措施。

互联互通

集装箱兄弟们拉着货物"宝宝"顺利奔跑，离不开政策沟通、设施联通、贸易畅通、资金融通和民心相通。"一带一路"倡议有利于推动沿线国家经济繁荣与区域经济合作，彰显人类社会的共同理想和美好追求。沿线各国正在打造政治互信、经济融合、文化包容的利益共同体、命运共同体和责任共同体。

政策沟通不断深化 政策沟通是中国与"一带一路"相关国家开展各领域务实合作的前提与保障。中国积极同有关国家协调政策，包括俄罗斯的"欧亚经济联盟"、哈萨克斯坦的"光明之路"、土耳其的"中间走廊"、越南的"两廊一圈"、英国的"英格兰北方经济中心"、波兰的"琥珀之路"等。

中国还注重"一带一路"倡议与多边合作机制的"多边对接"。如与亚太经合组织、东盟"10+1"、非盟、上合组织、大湄公河次区域经济合作、中亚区域经济合作等的对接。通过建立恰当的合作平台与长效机制，共同制定时间表与路线图，实现利益深度融合，不断达成合作新共识。各方通过政策对接，实现了"一加一大于二"的效果。

截至2020年底，中国政府已与171个国家和国际组织签署了205份合作文件。共建"一带一路"的国家已由亚欧延伸至非洲、拉美、南太平洋等区域。"一带一路"的"朋友圈"不断拓展！

设施联通不断加强 截至2018年，中国的港口已与100多个国家和地区的主要港口建立了航线联系，开通了以港口为起点的"一带一路"方向的引导国际班列。截至2020年11月，中欧班列开行数量超过万列，通达欧洲21个国家的92个城市；中国与45个沿线国家实现直航，"空中桥梁"联系中国与世界。

来自中铁隧道局集团有限公司的建设者们，凭借世界领先的专业技术和不畏艰险的职业精神，仅用900余天，就打通了全长19.2千米主隧道、47千米总长隧道的中亚第一长隧——"安格连—帕普"铁路隧道（卡姆奇克隧道）。2016年6月，隧道正式通车，比原计划提前了近100天，创造了中国企业海外隧道施工的新纪录，更改变了乌兹别克斯坦境内运输需要绕道他国的窘境。

中南半岛上的老挝，多年来全境只有一段3.5千米长的铁路，很多老挝人没有坐过火车。建设一条能让老挝走出"陆锁国"的铁路，搭上经济腾飞的列车，是几代老挝人的梦想。中老铁路已经开工，它将连接中国南部口岸和老挝首都，并穿越老挝多个省市，成为拉动老挝经济发展的"火车头"。

中国铁路项目遍及亚洲、欧洲、北美洲和非洲。在埃塞俄比亚，中国企业近年来为当地培训了1.5万名铁路员工，满足了"亚吉铁路"建设运营需要。在肯尼亚，超千名"蒙内铁路"的员工在当地和中国接受培训。中国不仅要完成铁路工程"硬件"的良好建设，还要完成铁路工程技术和管理经验等"软件"的完整移交，使"中国标准"真正为肯尼亚人所用。中国铁路"走出去"越来越成为中外经济往来的"桥梁"、民心相通的"纽带"，促进了文化的交流和传播。

◎ 探讨交流
提高各国互联互通水平有何经济意义？

"一带一路"倡议在提高各国互联互通水平、为全球经济注入动力的同时，也为中国经济转型升级赢得了广阔的发展空间和良好的国际环境。"一带一路"打破壁垒、拉近距离、联通民心，为企业不断发展壮大、走向全球创造了条件；为学子、游客行走天下提供了便利；也吸引了来自世界各地的企业与客人，为中国带来丰富多彩的商品、技术和文化。

贸易畅通不断提升　贸易与投资自由化、便利化水平不断提升。中国发起的《推进"一带一路"贸易畅通合作倡议》，有83个国家和国际组织积极参与。中国和哈萨克斯坦、吉尔吉斯斯坦、塔吉克斯坦农产品快速通关的"绿色通道"建设积极推进，农产品通关时间缩短了90%。中国进一步放宽外资准入领域，营造高标准国际化的营商环境。截至2020年，中国设立了面向全球开放的21个自由贸易试验区，并探索建设自由贸易港，吸引沿线国家来华投资。

2013至2019年，中国与"一带一路"沿线国家货物贸易进出口总额从1.04万亿美元增至1.34万亿美元。2019年，中国与138个签署"一带一路"合作文件的国家货物贸易总额达1.90万亿美元，占中国货物贸易总额的41.5%，其中，出口9 837.6亿美元，进口9 173.9亿美元。2019年，中国与"一带一路"沿线国家服务进出口总额1 178.8亿美元，其中出口380.6亿美元，进口798.2亿美元。

贸易方式创新进程加快。跨境电子商务等新业态、新模式正成为推动贸易畅通的重要新生力量。2019年，通过中国海关跨境电子商务管理平台零售进出口的商品总额达1 862亿元人民币，增长了38.3%其中出口944亿元，进口918.1亿元。

点石成金

资金融通是共建"一带一路"的重要支撑。国际多边金融机构以及各类商业银行不断探索创新投资、融资模式，积极拓宽多样化融资渠道，为共建"一带一路"提供稳定、透明、高质量的资金支持。

"一带一路"倡议的实施需要依靠相关国家基础设施建设的完善，特别是欧亚大陆的互联互通。亚洲基础设施投资银行（简称亚投行）专门为亚洲发展中国家基础设施建设提供资金，有效推动了互联互通的实现与"一带一路"倡议的实施。亚投行这一政府间多边开发机构，与"一带一路"倡议相互配合、相互借力，为亚洲的基础设施建设助力，为亚洲的未来助力。

2016年1月16日，亚投行开业仪式在北京举行。习近平主席为亚投行标志物——"点石成金"揭幕。点石成金，来自中国的一个神话典故，它展现了各国合作共赢、梦想成真的共识。

◎ 探讨交流

亚投行的创始成员国有57个国家，现在会员国增至103个（来自"一带一路"的小伙伴超过60%）。这些国家为什么愿意加入这个"朋友圈"？亚投行的成立有何重要意义？

亚投行的建立，弥补了亚洲发展中国家在基础设施投资领域存在的不足，减少了亚洲区城内资金外流，提升了亚洲的"活力与增长"。

2014年12月，中国成立了丝路基金。2017年5月，中国政府宣布向丝路基金增资1 000亿人民币。截至2020年10月，丝路基金已签约47个项目，承诺投资金额达到178亿美元。

人民币国际支付、投资、交易、储备功能稳步提高，人民币跨境支付系统业务范围已覆盖近40个沿线国家和地区。

吟唱共同的诗

民心相通，美美与共。"一带一路"建设不是中国的"独奏"，而是沿线国家的"合唱"。民心相通是共建"一带一路"的人文基础。各国人民的共同梦想是享受和平、安宁、富足的美好生活。广泛开展公共外交和文化交流，增进相互理解和认同，为共建"一带一路"奠定坚实的民意基础。

美美与共

共同助学 在瓜达尔流传着中国和平发展基金会（以下简称基金会）与当地老人捐资捐地共同助学的佳话。

瓜达尔港的法曲尔地区，基金会发现那儿没有学校，计划为该地援建一所。当地一名叫沙伊尔·穆哈迈德的老人无偿捐出了自家700多平方米的土地。老人并不富裕，能一下子捐出这么多土地，就是要让子孙后代能接受教育，拥有更好的未来。

学校很快开工，沙伊尔和当地村民、孩子们每天到现场守望。对开学的期待，成了他们生活的一部分。

吴哥的微笑 吴哥古城曾经沉睡在柬埔寨茂密的雨林之中，不为外界所知。如今，吴哥古城重见天日，而吴哥文化却早已失传。为吴哥寻回记忆的，是一家中国文化企业。云南文化产业投资控股集团有限责任公司在这里打造的舞台剧《吴哥的微笑》，再现尘封的历史，演绎那一抹神秘微笑背后的故事。

中国企业投资、搭台，柬埔寨演员表演，让来自世界各地的观众领略柬埔寨文化之美，真可谓美人之美，美美与共。

◎ 探讨交流

"一带一路"的建设过程为什么要做到美人之美，美美与共？

文化交流，民心相通 "一带一路"沿线旅游持续升温，截至2019年5月，中国和沿线65个国家双向旅游人数超过6 000万人次；与我国互免普通护照签证的国家和地区有11个，单方面允许中国公民免签入境国家和地区8个，单方面允许中国公民办班跨地签证国家和地区有32个。

"一带一路"建设参与国弘扬"丝路精神"，在科学、教育、文化、卫生、民间交往等各领域广泛开展合作，为"一带一路"建设夯实民意基础，筑牢社会根基。在古老的"丝绸之路"上，各国人民共同谱写出千古传诵的友好篇章。

共商共建共享

共商 "共商"就是"大家的事大家商量着办"，强调平等参与、充分协商，以平等自愿为基础，通过充分对话沟通找到认识的相通点、参与合作的交会点及共同发展的着力点。

2017年5月，首届"一带一路"国际合作高峰论坛在北京成功召开。论坛形成了5大类、76大项、279项具体成果，这些成果已全部落实。2019年4月，第二届"一带一路"国际合作高峰论坛继续在北京举行。"一带一路"国际合作高峰论坛已经成为各参与国和国际组织深化交往、增进互信、密切往来的重要平台。

各国共同协商、深化交流，加强各国之间的互信，共同协商解决国际政治纷争与经济矛盾。"共商"理念倡导的是国际社会政治民主和经济民主，促进各国在国际合作中的权利平等、机会平等、规则平等。中国顺应世界潮流，尊重各国主权，倡导国家不分大小、强弱、贫富一律平等，通过共同协商达成政治共识，寻求共同利益，有利于构建以合作共赢为核心的新型国际关系，有利于构建人类命运共同体。

共建 "共建"各方都是平等的参与者、建设者和贡献者，也是责任和风险的共同承担者。各国共同参与、合作共建，分享发展机遇，扩大共同利益，从而形成互利共赢的利益共同体。面对世界经济的困境与挑战，任何国家都不可能独善其身，只有加强互利合作、共同面对挑战，才能实现共同发展。各国共同参与、合作共建，是实现互利共赢的必由之路，是构建人类命运共同体的必要条件。

共建"一带一路"致力于推动开放包容、务实有效的第三方市场合作，促进中国企业和各国企业优势互补，实现"1+1+1>3"的共赢。

苦盏，塔吉克斯坦第二大城市，位于市区的博物馆里珍藏着这座中亚古城的历史与文明，但在陈列文物的展厅内却摆放着一件普通的中国筑路工人的工作服。

长达5千米的沙赫里斯坦隧道，位于塔国南北大通道的"咽喉"地带。在它竣工通车之前，巨大的山体构成南北交通的一道屏障。来自中国路桥公司的建设者们，历经6年的艰苦努力，于2012年10月打通了这条中亚最长的公路隧道。

◎ 探讨交流

　　苦盏博物馆为何特意收藏了那件隧道普通建设者的工作服？

在巴基斯坦北部山区，有一所建在半山腰的女子小学，13岁的曼娜扎是这里五年级的学生。几间教室用板材搭建而成，屋内没有照明设施，整个学校仅有的一盏电灯，挂在室外。每天她需要在太阳落山之前把作业写完。

曼娜扎生活的小山村已迎来改变，在不远的尼鲁姆河与杰卢姆河交汇处，由中国公司承建的巴基斯坦尼鲁姆–杰卢姆水电已投入运营。正是中方建设者们不畏艰辛的努力，才使这一"不可能完成的任务"最终获得成功。

◎ 探讨交流

　　从曼娜扎的故事来看，中国方案给巴基斯坦带来了怎样的改变？

　　共享　　"共享"就是兼顾合作方的利益和关切，使合作成果福及双方、惠泽各方。共建"一带一路"不是"你输我赢"或"你赢我输"，而是双赢、多赢、共赢。

在经济发展方面，世界各国积极寻求最大利益和经济合作契合点，实现互惠互利、多赢共赢；在文化发展方面，各国积极促进世界文明交流互鉴，推动各国文化共同繁荣发展，实现各种文明和谐包容。"一带一路"建设通过经济大融合、发展大联动谋求相关国家的共同利益，在共赢中实现共享，将发展成果惠及沿线国家。

拓展阅读

2016年，国家公派了42个非通用语种的1 036人出国学习培训；同时，接受了17万人来华学习汉语。我国大力实施"丝绸之路"留学推进计划，为民心相通培育使者。为此，我国设立"丝绸之路"中国政府奖学金，承诺每年向沿线国家提供1万个奖学金新生名额。

希望之路

共建"一带一路"，走深走实，行稳致远，使其成为和平之路、繁荣之路、开放之路、绿色之路、创新之路、文明之路、廉洁之路，推动经济全球化朝着更加开放、包容、普惠、平衡、共赢的方向发展。

和平之路 "一带一路"建设离不开和平安宁的环境。建设相互尊重、公平正义、合作共赢的新型国际关系，打造对话不对抗、结伴不结盟的伙伴关系，各国应尊重彼此主权、尊严、领土完整，尊重彼此的发展道路和社会制度，尊重彼此核心利益和重大关切。各国需深化在网络安全、打击跨国犯罪、打击贩毒、打击"三股势力"、联合执法、安全保卫等方面的合作，为区域经济发展和人民安居乐业营造良好的环境。

繁荣之路 发展是解决一切问题的"金钥匙"。共建"一带一路"，需要聚焦"发展"这个根本性问题，释放各国发展潜力，实现经济融合、发展联动、成果共享。共建"一带一路"顺应世界多极化、经济全球化、文化多样化、社会信息化的潮流，致力于维护全球自由贸易体系和开放型世界经济。

沿线国家市场规模和资源禀赋各有优势，互补性强，潜力巨大，合作前景广阔。各国需在充分照顾各方利益和关切的基础上，凝聚共识，将共识转化为行动，按照战略对接、规划对接、平台对接、项目对接的工作思路，形成更多可视性成果，实现优势互补，促进共同繁荣发展。

开放之路 对一个国家而言，开放如同破茧成蝶，虽会经历困难，但终将换来新生。共建"一带一路"以开放为导向，努力解决经济增长和平衡发展问题。坚持普惠共赢，打造开放型合作平台，推动形成开放型世界经济。

中国与澜沧江—湄公河沿线国家开展艾滋病、疟疾、登革热、流感、结核病等防控合作，与中亚国家开展鼠疫等人畜共患病的防控合作，与西亚国家开展脊髓灰质炎等防控合作。中国先后派出多支眼科医疗队赴柬埔寨、缅甸、老挝、斯里兰卡等国开展"光明行"活动；派遣短期医疗队赴斐济、汤加、密克罗尼西亚、瓦努阿图等太平洋岛国开展"送医上岛"活动。在沿线35个国家建立了中医药海外中心，建设了43个中医药国际合作基地。

绿色之路 "一带一路"倡议践行绿色发展理念，倡导绿色、低碳、循环、可持续的生产生活方式，致力于加强生态环保合作，防范生态环境风险，增进沿线各国政府、企业和公众的绿色共识及相互理解与支持，共同实现2030年可持续发展目标。

创新之路　创新是推动发展的重要力量。共建"一带一路"需向创新要动力。7年多来，中国与沿线国家优化创新环境，集聚创新资源，加强科技创新合作，还将继续促进科技同产业、科技同金融的深度融合。

推动大数据、云计算、"智慧城市"建设，打造21世纪的"数字丝绸之路"。通过沿线国家青年科学家来华从事短期科研工作以及培训沿线国家科技和管理人员等方式，形成多层次、多元化的科技人文交流机制。通过共建国家级联合科研平台，深化长期稳定的科技创新合作机制，提升沿线国家的科技创新能力。

文明之路　共建"一带一路"，推动文明交流，超越文明隔阂、文明互鉴，超越文明冲突、文明共存，超越文明优越，使各国相互理解、相互尊重、相互信任。

"古丝绸之路"打开了各国各民族交往的窗口，书写了人类文明进步的历史篇章。共建"一带一路"深厚的文明底蕴、包容的文化理念，为沿线国家相向而行、互学互鉴提供了平台，促进了不同国家、不同文化、不同历史背景人群的深入交流，使人类超越民族、文化、制度、宗教，在新的高度上感应、融合、相通，共同推进构建人类命运共同体。共建"一带一路"，推动沿线国家在教育、科技、文化、卫生、体育、媒体、旅游等领域开展广泛合作，促进政党、青年、社会组织、智库、妇女、地方交流协同并进，初步形成了和而不同、多元一体的文明共荣发展态势。

廉洁之路　廉洁是共建"一带一路"的道德"底线"和法律"红线"。沿线国家需协力打造廉洁高效的现代营商环境，加强对"一带一路"建设项目的监督管理和风险防控，建立规范透明的公共资源交易流程。在项目招投标、施工建设、运营管理等过程中严格遵守相关法律法规，消除权力寻租空间，构建良性市场秩序。各国应加强反腐败国际交流合作，以《联合国反腐败公约》等国际公约和相关双边条约为基础开展司法执法合作，推进双边引渡条约、司法协助协定的签订与履行，构筑更加紧密、便捷的司法执法合作网络。

世界大同，天下一家。中国欢迎各国特别是新兴市场国家和发展中国家"搭乘"中国发展的快车。"一带一路"合奏着历史和现实的壮丽交响曲，承载着构建人类命运共同体的伟大梦想，正以开放包容的胸怀，蓄满和平发展的能量，扬起合作共赢的风帆，必将推动中国与世界迈向更加繁荣美好的未来！

从张骞的"凿空之旅"，到郑和七下西洋，丝路精神薪火相传，烛照人类文明发展漫漫征途。集装箱兄弟和货物"宝宝"们愿意追寻先辈们坚韧不拔的进取脚步，推进"一带一路"建设。从无到有，由点及面，从"大写意"到"工笔画"，美好图景徐徐展开，我们必将抵达和平、发展、合作、共赢的远方！

参考文献

1. 厉以宁，林毅夫，郑永年.读懂一带一路［M］.北京：中信出版社，2015.

2. 王义桅.世界是通的——"一带一路"的逻辑［M］.北京：商务印书馆，2016.

3. 肖振生，张勤，周旋.数说"一带一路"［M］.北京：商务印书馆，2016.

4. 赵磊."一带一路"年度报道行者智见［M］.北京：商务印书馆，2017.

5. 赵磊."一带一路"年度报告：从愿景到行动（2016）［M］.北京：商务印书馆，2016.

综合探究 〉〉

横贯欧亚大陆的"古丝绸之路"，留给世界"和平合作、开放包容、互学互鉴、互利共赢"的精神遗产。沟通历史与未来，连接中国与世界，习近平主席准确把握经济全球化不断深入的大趋势，高屋建瓴地提出共建"丝绸之路经济带"和"21世纪海上丝绸之路"的重大倡议。

★ 收集与交流

张骞出使西域，促进了"丝绸之路"沿线国家的发展；丝绸传入西方，引领了西方上流社会的服装文化；日本等国派往唐朝的"遣唐使"和留学生，推动了相关国家经济、技术、文化的发展；中国积极援建坦赞铁路，推动非洲工业园区建设，带动了众多非洲国家的经济发展。

请你收集古今"丝绸之路"的中国故事，和同学们进行交流。

★ 查询与整理

"一带一路"倡议既成为中国联系世界的纽带，又成为贯通半个地球的活力脉络；既成为实现"中国梦"的时代依托，又成为激活全球经济要素的东方智慧。一幅绵延浩瀚的中国故事画卷徐徐展开，无数走出国门的企业和个人，用千姿百态的具体行动，向世界讲述精彩的故事。不输出价值观，不干涉内政，用看得见、摸得着的经济成绩单塑造一个完全不同的大国形象，这就是"一带一路"中国故事的核心脚本。

请同学们分组（经济、技术、人才、文化、环境）查询与整理精彩的"一带一路"故事。

★ 呈现与展示

着眼推动经济合作、人文交流，引导有条件的民营企业参与沿线国家和地区的基础设施建设、产业投资及国际产能合作，加强人员往来、文化交流、智库合作，讲好"中国故事"，传递"中国声音"，促进民心相通、合作共赢。

请你选择一个感兴趣的角度，谈谈如何讲好中国故事、传递中国声音，以小论文的形式和同学们交流。

专题二

一条小鱼的南海之旅

人类朋友们，大家好，我是一条小鱼。我的祖先们世世代代生活在南海，给我们留下了很多美好的故事。

"小伙伴们，今天我主要为大家介绍的是中国南海海域。说到这里，我可要考考大家：中国是南北向长一些，还是东西向长一些呢？"

从横版中国地图看，中国是东西长，南北短。但实际恰恰相反，中国的南北相距5 500多千米，东西相隔5 200多千米，南北向长于东西向。为什么同样是中国地图，不同的版式让人们的视觉产生如此大的偏差呢？其实，这是展示地图的比例尺在"作怪"。竖版地图首次同比例展示了大陆与南海诸岛，更真实、直观地展现了我国陆地、岛屿和海域，与周边国家的地理关系一目了然。尤其是将"九段线"完全清晰地标在全图上，使人能强烈地感受到南海海域与大陆密不可分。一个小小的地图比例尺就让"雄鸡"摇身一变，变成了照亮中国发展之路的"火炬"。

知识链接

地图比例尺是地图上的线段长度与实地距离之比。它表示地图图形的缩小程度，又称缩尺。一般地，地图比例尺越大，误差越小，图上测量精度越高。如1∶10万，即图上1厘米长度相当于实地距离100 000厘米（即1 000米）。

◎ 探讨交流

　　1. 请同学们尝试在地图上找出南海的位置吧！

　　2. 根据比例尺算一算南海有多大。与中国大陆比，南海是大陆的几分之几呢？

碧波荡漾的海

神秘的海洋"蓝洞"

　　海洋"蓝洞"是海底突然下沉的巨大深洞。之所以称为"蓝洞"，是因为从海面的上方观看，相对于周边的水域，这个海底"深洞"呈现昏暗、充满神秘色彩的深蓝色调。"蓝洞"内部处于无氧状态，海洋生物难以存活，就算是人类，也只能借助科技探索一二。人们在海洋"蓝洞"里发现了保存完好的生物骨骼，这些生物骨骼为人类了解海洋提供了极大的科学研究价值。因此，海洋"蓝洞"也被誉为"地球给人类保留宇宙秘密的最后遗产"。

　　这些海洋"蓝洞"究竟是如何形成的呢？中国海洋大学杨作升教授认为有两种成因，即石灰岩溶洞成因与珊瑚礁生长结构成因。石灰岩溶洞成因：由于冰川时期海平面降低，石灰岩受到溶蚀作用，在下部发育成大型空洞；当溶蚀空洞越来越大，使顶部塌陷形成一个边缘陡峭的大洞，称为落水洞。当冰川期结束之后，海平面上升，海水重新灌入这个落水洞，便成了大家看到的"蓝洞"。珊瑚礁生长结构成因：所在海域的珊瑚礁生长迅速，许多快速生长的较小尖礁形成棘状凸起并聚集在一起，最后形成近似圆形的洞。洞的内部水环境对珊瑚的生长有显著影响，而外部的水环境则有利于珊瑚生长，逐渐发育成水深较大的"蓝洞"。

◎ 探讨交流

"蓝洞"分为陆地"蓝洞"和海洋"蓝洞",你知道陆地"蓝洞"和海洋"蓝洞"有什么区别吗?

目前,从深度上看,中国西沙永乐"蓝洞"深度超过300米,巴哈马长岛迪恩斯"蓝洞"深度为202米,埃及哈达布"蓝洞"深度为130米,洪都拉斯伯利兹大"蓝洞"深度为123米,马耳他戈佐"蓝洞"为60米。

珍珠般靓丽的岛礁

知识链接

西沙群岛是我国南海四大群岛之一。由宣德群岛,永乐群岛两组岛群的三十多个岛屿组成,其中永兴岛面积1.85平方千米,是南海诸岛的最大岛屿。

◎ 探讨交流

1. 你知道南海有多少岛屿吗?

2. 请你谈谈岛和岩礁的区别,从国际法的角度看,对一国领海有何意义?

中国的传统岛礁界定标准:岛,象形文字,可解为鸟,既是声旁也是形旁,表示飞禽。从汉字"岛"的演变,可以发现,汉字"岛",由"鸟"和"山"组成,表示鸟类聚集栖息的山头。礁是指在海里或江里的岩石或珊瑚虫遗骸堆积成的岩状物。

联合国海洋法会议于1982年12月10日通过《联合国海洋法公约》,第一二一条规定了岛屿制度:

1. 岛屿是四面环水并在高潮时高于水面的自然形成的陆地区域。

2. 除第3款另有规定外,岛屿的领海、毗连区、专属经济区和大陆架应按照本公约适用于其他陆地领土的规定加以确定。

3. 不能维持人类居住或其本身的经济生活的岩礁,不应有专属经济区或大陆架。

> **知识链接**
>
> 　　《联合国海洋法公约》第五十六条　沿海国在专属经济区内的权利、管辖权和义务
>
> 　　1.沿海国在专属经济区内有：
>
> 　　（a）以勘探和开发、养护和管理海床上覆水域和海床及其底土的自然资源（不论为生物或非生物资源）为目的的主权权利，以及关于在该区内从事经济性开发和勘探，如利用海水、海流和风力生产能等其他活动的主权权利；
>
> 　　（b）本公约有关条款规定的对下列事项的管辖权：
>
> 　　（1）人工岛屿、设施和结构的建造和使用；
>
> 　　（2）海洋科学研究；
>
> 　　（3）海洋环境的保护和保全；
>
> 　　（c）本公约规定的其他权利和义务。
>
> 　　2.沿海国在专属经济区内根据本公约行使其权利和履行其义务时，应适当顾及其他国家的权利和义务，并应以符合本公约规定的方式行事。
>
> 　　3.本条所载的关于海床和底土的权利，应按照第六部分的规定行使。

　　南海海域的主要群岛：阿南巴斯群岛、纳土纳群岛、南沙群岛、中沙群岛、东沙群岛、西沙群岛等。其中，属于中国领土的有南沙群岛、中沙群岛、东沙群岛、西沙群岛等。

能量无限的洋流

　　洋流是海水因热辐射、蒸发、降水、冷缩等形成的密度不同的水团，再加上风应力、地转偏向力、引潮力等作用而大规模相对稳定的流动，它是海水的普遍运动形式之一。

　　洋流可以影响海洋上空的气候和天气的形成与变化，同时对海洋本身的物理过程、化学过程、生物过程和地质过程也都有影响。

　　一、暖流有增温增湿的作用，寒流有降温减湿的作用。

　　二、寒暖流交汇处，海水受到影响，可以把下层养分带到表层，为鱼类提供营养，有利于鱼类的大量繁殖。

三、洋流在流动中可以产生巨大的冲击力和潜能，因而也可以用来发电。

按洋流的成因分，南海海域主要有以下几种洋流

上升补偿流　在北半球，当风沿着与海岸（位于风向的左侧）平行的方向较长时间地吹刮时，在地转偏向力的作用下，表层海水离开海岸（称为离岸流），引起近岸的下层海水上升，形成上升补偿流。大量冷海水上升的同时，将海底的营养物质带到海面上来，为海洋生物的发展提供了大量食物，为形成渔场提供了得天独厚的资源。

风海流　指在风的作用下而产生的风对海水的应力，包括风对海水的摩擦力和施加在海面迎风面上的压力而形成的一种稳定海流。南海地区，冬天在偏北风的作用下，夏天在偏南风的作用下，产生风海流。

潮汐流　南海潮汐分为半日潮、全日潮、不规则半日潮和不规则全日潮几种。中国南海有许多地方的潮汐涨落情况属于全日潮类型，其中，北部湾是世界上最典型的全日潮海区之一。

◎ 探讨交流

1. 我们如何更好地利用这些能量无限的洋流呢？

2. 结合学过的知识，画出中国南海具有代表性的各种洋流，并分析其成因。

络绎不绝的船

对于我国而言，南海资源在经济与国防方面都具有重要的战略意义。南海为我国提供了丰富的海洋资源和广阔的发展空间。南海诸岛有珊瑚礁数百个，这些岛屿是我国重要的海洋国土，在国防上是向外延伸的支撑点，对保卫我国的"蓝色海疆"具有重要意义。南海周边广阔的浅海滩涂都是宝贵的后备土地资源。

丰富的渔业资源

◎ 探讨交流

1. 说出世界四大渔场。

2. 说出中国四大渔场。

3. 渔场是怎样产生的呢?

由于寒流和暖流的存在,我国也形成了四大渔场。它们分别是黄渤海渔场、舟山渔场、南部沿海渔场及北部湾渔场。

南海由于水温高、阳光充足,会产生大量的浮游生物,它们是鱼群重要的食物来源。此外,南海的海流也有助于鱼群产卵繁殖。南海的海流有表层环流、北部沿岸流、南海暖流、中部环流等。南海暖流是一种中上层海流,流向终年不变,为南海南部带来了高温海水,有利于鱼类产卵繁殖。比如大黄鱼,产卵时除需要有一定温度外,还要有一定的水流速度。南海的鱼群更新换代快,渔业资源自我恢复能力很强。因此,南海还是一座永续的渔业"金库"。

南海海域鱼类有1 500多种,很多鱼类具有极高的经济价值。这里的马鲛鱼、石斑鱼、乌鲳鱼和银鲳鱼等产量很高,为人们提供了丰富的鱼类食品。这里还盛产我国其他海区罕见的大洋性鱼类,如金枪鱼、鲨鱼等。在南海的渔业资源中,不能忽视了热带观赏鱼资源,它是更高价值的渔业产出,一条小鱼就可能值几十元、几百元,甚至上千元人民币。

面对丰富的渔业资源,人们在开发利用的同时,需要注意两个主要问题:一是要合理开发渔业资源。例如,海南省捕捞渔船中大部分为小型近岸渔船,捕捞渔业产业层次低。因捕捞过度和环境变化,海南近海渔业资源已呈衰退趋势,绝大部分传统优质经济品种已难以形成生产群体,多数经济种群主要由1龄以内的幼鱼组成。二是要抓好出海捕捞的安全问题。2002年至2010年,海南省渔船发生事故148宗,死亡(失踪)168人,沉船169艘,经济损失超2亿元,给渔业生产开发和渔民生命财产带来严重危害。为此,2010年11月10日,海南省海洋与渔业厅与海南北斗星通信息服务有限公司正式签订海南省海洋渔业安全生产北斗卫星导航通信系统工程项目合同,解决了渔船通信不畅的问题。北斗星通不仅能救船、救命、救灾,还能减少涉外事件的发生，提高控海维权能力。使用北斗监控终端后，渔业主管部门和海上作业渔船建立了一种有效的沟通与信息交互手段，使我国海洋捕捞格局发生了根本性转变。为更好地实现南海渔业发展，2019年4月13日，由中国水产科学研究院发起，中国水产科学研究院南海水产研究所牵头组建的"南海渔业科技创新联盟"成立大会在三亚召开。南海渔业科技创新联盟为全面推进渔业高质量发展提供科技支撑。

富饶的矿产资源

南海不仅给鱼类提供了生存环境，同时也为人类提供了丰富的自然资源，如植物资源、动物资源、矿产资源……

知识链接

可燃冰 又名天然气水合物，是甲烷和水在海底高压低温下形成的白色固体燃料，可以被直接点燃。1立方米可燃冰可释放出160～180立方米的天然气，其能量密度是煤的10倍，而且燃烧后不产生任何残渣和废气。

◎ **探讨交流**

1. 可燃冰是怎样形成的？

2. 可燃冰有什么用途？

3. 中国南海还有哪些矿产资源？

清洁能源可燃冰 可燃冰的形成需要如下条件：一是海洋里大量生物和微生物死亡后留下的尸体不断沉积到海底，分解出有机气体甲烷、乙烷等。随后，它们便钻进海底结构疏松的沉积岩微孔，再与水形成化合物。二是气候寒冷使得矿层温度下降，在地层高压力的作用下，使原来分散在地壳中的碳氢化合物和地壳中的水形成气—水结合的矿层。

2010年12月15日，中国科考人员在中国南海北部神狐海域钻探目标区内，圈定了11个可燃冰矿体，含矿区总面积约22平方千米，矿层平均有效厚度约20米，预测储量约为194亿立方米。获得可燃冰的3个站位的饱和度最高值分别为25.5%、46%和43%，是世界上已发现的可燃冰地区中饱和度最高的地方。据估算，我国全海域可燃冰的资源量粗略估计是690亿吨油当量，南海占据绝大部分，开采潜力巨大。

2016年，我国海域已圈定6个可燃冰成矿远景区，在青南藏北已优选出9个有利区块。我国可燃冰远景资源量超过1 000亿吨油当量，潜力巨大。2017年11月3日，国务院正式批准将天然气水合物列为新矿种，成为中国第173个矿种。在南海发现的大量可燃冰也为我国的经济发展提供了强有力的资源保障。

丰富的金属矿物　中沙群岛的海底蕴藏着大量的金属矿物，如铁、锰、铜、镍、钴、铅、锌等。1986年和1988年的南海调查资料显示：在水深1 500～1 900米的宪北海山、珍贝海山和双峰海山地区发现钴结核资源。海底水深2 000～4 000米的海底为锰结核富集区，集中分布于中沙群岛南部深海盆地至东沙群岛东南和南部平缓的陆坡区地带。

富饶的油气资源　南海是沉积盆地，其中有聚油气地质条件的沉积盆地为37个，总面积约5 000万公顷，约为西欧北海产油区面积的6倍，是中国最大的海洋油气储存区，已探明石油储量6.4亿吨，天然气储量9 800亿立方米。南海海底至少可以找到250个油气田，其中有12个可能成为大型油气田。南海石油储量约230亿～300亿吨，乐观估计达550亿吨，天然气20万亿立方米，堪称第二个"波斯湾"，是世界四大海底储油区之一。

据1998年的统计资料显示，南海周边的东南亚国家已在南沙海域钻探了1 000多口油气井，找到了97个油田和含油构造及95个气田和含气构造。其中，位于中国境内的油田有28个、气井225个，石油总产量每天达200多万桶。

合理开发使用南海储量达万亿方级的天然气大气区，是中国几代海洋石油人的梦想。自20世纪80年代以来，中国海洋石油集团有限公司（中海油）就在为实现这个梦想而不断努力。

2006年，我国在南海发现了第一个深水油气田——荔湾3-1油气田。该油气田探明储量已超过1 000亿立方米。因为技术原因，该油田由中海油和加拿大哈斯基能源公司联合开发。2009年和2010年，两家公司又先后发现了流花34-2深水气田、流花29-1深水气田。2014年4月，荔湾3-1气田投产，中国深水油气的开发迎来了一个新的里程碑。在荔湾3-1气田投产不到半年的时间，中海油宣布了一个令中国石油人振奋的消息：中国自主设计和建造了第一座深水钻井平台——"海洋石油981"钻井平台；发现了中国第一个储量超过1 000亿立方米的自营深水高产大气田——陵水17-2气田。2018年6月19日，中海油在海口宣布，位于中国南海的陵水17-2气田正式进入开发建设阶段。

陵水17-2气田的开发建设，意味着我国已经掌握了适应南海深水复杂海域的半潜式生产平台设计、建造、安装及配套国产化设备设计与制造技术。该技术填补了多项国内技术空白，同时多个国家也开始引进并使用这套技术。随着国内石油企业技术能力、资本能力的增强，越来越多的海外石油公司开始与中国企业合作，借此机会，中国石油企业也逐步把业务向国外市场拓展。

繁忙的交通枢纽

无论在古代还是在现代，南海都是我国重要的交通枢纽。在国际海洋交通上，它是西欧—中东—远东海运航线（世界最繁忙、最重要的海上航线之一）的重要组成部分。

◎ **探讨交流**

1. 你知道与南海海域有关的海峡有哪些吗？
2. 你知道南海周围有哪些国家吗？它们之间有着怎样的关系？

海上十字路口　马六甲海峡因马六甲古城而得名。大约在公元4世纪，阿拉伯商人利用马六甲海峡缩短了印度到中国的行程，把中国的丝绸、瓷器及马鲁古群岛的香料运往欧洲的一些国家。公元7—15世纪，中国、印度和中东的阿拉伯国家进行海上贸易的船只都要经过马六甲海峡。

知识链接

马六甲古城　1396年，一位从苏门答腊岛来的王子路过这里在树下休息，他的猎狗被一只小小的鼷鹿踢到对面河里，王子对鼷鹿的勇气印象深刻，决定在此建立一个帝国，并以那棵大树的名字命名。马六甲古城始建于1403年，是马来西亚历史最悠久的古城。

1869年，由于苏伊士运河的贯通使欧洲到东方的航路大大缩短，马六甲海峡的通航船只急剧增多，成为世界最繁忙的海峡之一。

马六甲海峡之所以是重要的交通通道，与其对经济和军事的影响有不可分割的关系。从世界范围看，原油海运流向为从以中东、西非、南美为主的产油区，运往中国、美国、日本、韩国等主要经济体。以2017年为例，中东地区占到2017年全球原油海运出口周转量的50%；中国、北美和日本则分别占2017年原油海运进口周转量的29%、17%和10%。全球油运航线运输量较为集中，其中，位于中东产油区——波斯湾的霍尔木兹海峡、连接印度洋和太平洋的马六甲海峡是全球原油流量最大的海峡。

马六甲海峡对于日本、中国、韩国也是最主要的能源运输通道，是"海上生命线"。（注意：被西方国家誉为"海上生命线"的是霍尔木兹海峡。）日本重视马六甲海峡，是因为其大约80%的石油经马六甲海峡载运。如果南海航道安全出现问题，对日本的经济发展无疑是致命打击。如果马六甲海峡被关闭，或者安全保险费提高，使日本被迫使用其他海峡，这将使到日本的航程增加，用油成本也急剧增加，同时也会影响出口到欧洲、澳大利亚、中东和非洲的日本制造品的数量。

随着中国经济的不断发展，能源需求量不断增加，中国的石油进口大部分来源于东南亚和中东地区，因此，南海航道已成为中国能源运输的重要通道。2017年，我国从"一带一路"沿线国家进口原油的数量是2.7亿吨，是2013年的1.4倍，占我国原油总进口量的份额达到62.1%。近年来，中东产油国与亚太地区的炼油业深度合作不断推进，包括合资炼厂、合资化工厂的合作及仓储物流方面的合作。中东为了使产业链的价值达到最大化，也尝试改变作为单一的石油供应商的角色，南海航道的重要性也将日益突显。另外，南海航道也是中国对外贸易的重要通道。随着中国海运事业的迅速发展，中国远洋运输船队往来于世界150多个国家和地区的600多个港口。伴随着"一带一路"建设，中国与沿线国家的贸易往来越来越频繁，南海航道和马六甲海峡也将发挥更大的作用。

马六甲海峡因为航运上的战略地位，多国都关注马六甲海峡的航道安全问题。海峡沿岸国家，如印度尼西亚、新加坡、马来西亚及泰国，为打击海盗武装和防止恐怖活动，于2005年9月13日开始在马六甲海域进行名为"空中之眼"的联合空中巡逻。巡逻的主要目的是从空中了解马六甲海峡的情况，尽快掌握信息，保证海峡安全。这支由四国空军组成的巡逻飞机编队，每天执行在马六甲和新加坡海峡上空的越界巡逻任务，其作用在于能够尽早发现海上突发事件并尽快采取应对措施。

朝气蓬勃的城

自秦代以来，南海周边国家逐步开始兴起，一座座朝气蓬勃的城市也随之诞生，如中国秦代的南海郡，汉武帝时期的儋耳、朱崖、南海、苍梧、玉林、合浦、交趾、九真、日南九郡，明代的崇武古城等。此外，自隋唐时期逐步兴起的城市还有越南的林邑、真腊（今柬埔寨境内）、马来西亚的巴生港、菲律宾的宿雾、新加坡城、越南岘港等，均成为世界贸易的驿站和各国国民投资兴业的沃土。

回眸城的过往

知识链接

"南海一号"沉船 该沉船是迄今世界上发现的海上沉船中年代最早、船体最大、保存最完整的远洋贸易商船。由于宋朝的瓷器以及很多商品受到欧洲人的追捧，所以，一些商人会用船只将商品通过南海运到阿拉伯、非洲等地。当这些商品到达阿拉伯地区的时候，阿拉伯的商人们再转运到欧洲。

"南海一号"于南宋初期沉没，在1987年被发现。为更好地保存沉船上的文物，保留其研究价值，我国在经历长期的准备后，于2007年开始打捞"南海一号"沉船。

秦汉时期，中国人对南海的认识虽然有限，但对一些岛屿还是进行了简单的记载，对海上的各种情况也有了相应的记录，并且有了行政区划的管理和划分。据

《汉书·地理志》记载：汉初，中国人与南海沿岸国家建立了贸易联系，到了东汉，政府派出使节去往东南亚、南亚。三国时期，孙权在建业热情地接待了通过南海到达中国的罗马帝国商人。据唐德宗宰相贾耽记述，唐代的"海上丝绸之路"从广州出发，经南海，穿越马六甲海峡，前往南亚、中东及东非地区。

中国同真腊长期保持友好关系，隋朝大业二年，真腊派大使朝贡。公元753年，真腊王子率领随员访唐，唐代宗以国宾礼接待，并特赠汉名"宾汉"作为纪念。13世纪，元朝派出由十多人组成的使团，经由南海出使真腊，此行的主要目的是与真腊国王进行归附事宜的交涉。诸事完毕后，使团因为风向和海水未涨潮的原因，暂时不能回国。因此，元朝使团的大部分人开始采买当地有特色的商品，而元朝的通事周达观则利用近一年的时间了解真腊，并整理了名为《真腊风土记》的著作。书里既有用绘画形式记载的吴哥城的建筑和雕刻艺术，也有对当地居民的生活、文化习俗、宗教信仰的介绍等。该书是现存与真腊同时代对该国的唯一记录。1971年，柬埔寨作家李添丁把《真腊风土记》译成柬埔寨文，使柬埔寨人更多地了解自己的国家。

16至18世纪的欧洲国家虽然未进入工业主义阶段，但是由于对商业的重视和"大航海"的成功，加之中国古代"丝路贸易"的良好基础，大大增加了欧洲与亚洲的经济贸易往来，打开了中西方贸易的大门。以英国为例，18世纪前后，英国"出口和转口"的主要对象首先是欧洲，其次是北美洲；而"进口"的主要对象首先是当时的英属印度，其次是亚洲。在这些经济往来中，南海周边地区如马尼拉、岘港、广州和澳门等城市逐渐形成。

凝视城的发展

我国20世纪80年代初，香港、澳门与中国内地之间的陆路运输通道虽不断完善，但香港与珠江三角洲西岸地区的交通联系因伶仃洋的阻隔而受到限制。20世纪90年代末，受亚洲金融危机影响，香港特别行政区政府认为有必要尽快建设连接港珠澳三地的跨海通道，以发挥港澳优势，寻找新的经济增长点。2003年我国计划建设港珠澳大桥。历经15年，2018年10月24日上午9时，港珠澳大桥建成通车。这座桥体现了我国的综合国力和自主创新的能力，最重要的是，港珠澳大桥所联通的两个特别行政区（香港、澳门）与广东九市，缩短了香港、珠海和澳门三地间的时空距离，有效地完善了粤港澳大湾区内部的交通网络，形成规模庞大的城市群。珠海市把自身的人才、产业和科技的优势与港澳的专业服务、国际化的商业环境优势相结合，打造符合自身的国际化创新平台和营商环境。对于香港和澳门而言，港珠澳大桥的开通有利于促进两地向内陆地区进行产业转移，充分利用内地资源，解决港澳两地土地不足的问题。接通珠江西岸的大桥不仅扩大香港与内地的发展，还能更好地通过与内地西南地区的连接，打开通往东南亚地区的市场，更好地发挥香港作为"一带一路"连接点的作用，强化了我国与东盟之间的联系。

自1991年，中国与东盟对话开始，我国就一直重视与东盟的合作与发展。2002年，针对南海问题，中国与东盟签署《南海各方行为宣言》，积极落实"南海行为准则"。国家主席习近平更是在不同场合都强调了中国与东盟互利、合作、共赢的关系。2013年，国家主席习近平在印度尼西亚国会的演讲中提出"携手建设中国-东盟命运共同体"的倡议，强调要坚持讲信修睦、合作共赢、守望相助、心心相印、开放包容，使双方成为兴衰相伴、安危与共、同舟共济的好邻居、好朋友、好伙伴。2017年5月18日，中国与东盟国家落实《南海各方行为宣言》第14次高官会在我国贵阳召开。会议审议通过了"南海行为准则"框架。2017年8月6日，在菲律宾首都马尼拉召开的第50届东盟外长会正式通过了"南海行为准则"框架。2018年8月2日，"南海行为准则"单一磋商文本草案形成。2019年11月，中国与东盟国家领导人一道对外发布了关于"一带一路"倡议同《东盟互联互通总体规划2025》对接合作的联合声明，使中国与东盟的关系再上新台阶。同时，在实际行动中，为更好地维护区域发展，中国倡议筹建亚洲基础设施投资银行，支持本地区发展中国家包括东盟国家开展基础设施互联互通的建设；使用好中国政府设立的中国-东盟海上合作基金，加强与东盟各国的海上合作；发展好海洋合作伙伴关系，共同建设"21世纪海上丝绸之路"等举措，为南海周边各国的城市发展提供了安全、稳定的发展新局面。这些城市的发展因为所处的地理环境，与港口的发展总有着千丝万缕不可分割的关系，真正验证了"港为城用，城以港兴"的局面。

知识链接

《南海各方行为宣言》 中华人民共和国和东盟各成员国政府，重申各方决心巩固和发展各国人民和政府之间业已存在的友谊与合作，以促进面向21世纪睦邻互信伙伴关系；

认识到为增进本地区的和平、稳定、经济发展与繁荣，中国和东盟有必要促进南海地区和平、友好与和谐的环境；

承诺促进1997年中华人民共和国与东盟成员国国家元首或政府首脑会晤《联合声明》所确立的原则和目标；

希望为和平与永久解决有关国家间的分歧和争议创造有利条件；

谨发表如下宣言：

一、各方重申以《联合国宪章》宗旨和原则、1982年《联合国海洋法公约》、《东南亚友好合作条约》、和平共处五项原则以及其它公认的国际法原则作为处理国家间关系的基本准则。

二、各方承诺根据上述原则，在平等和相互尊重的基础上，探讨建立信任的途径。

三、各方重申尊重并承诺，包括1982年《联合国海洋法公约》在内的公认的国际法原则所规定的在南海的航行及飞越自由。

四、有关各方承诺根据公认的国际法原则，包括1982年《联合国海洋法公约》，由直接有关的主权国家通过友好磋商和谈判，以和平方式解决它们的领土和管辖权争议，而不诉诸武力或以武力相威胁。

五、各方承诺保持自我克制，不采取使争议复杂化、扩大化和影响和平与稳定的行动，包括不在现无人居住的岛、礁、滩、沙或其它自然构造上采取居住的行动，并以建设性的方式处理它们的分歧。

在和平解决它们的领土和管辖权争议之前，有关各方承诺本着合作与谅解的精神，努力寻求各种途径建立相互信任，包括：

（一）在各方国防及军队官员之间开展适当的对话和交换意见；

（二）保证对处于危险境地的所有公民予以公正和人道的待遇；

（三）在自愿基础上向其它有关各方通报即将举行的联合军事演习；

（四）在自愿基础上相互通报有关情况。

六、在全面和永久解决争议之前，有关各方可探讨或开展合作，可包括以下领域：

（一）海洋环保；

（二）海洋科学研究；

（三）海上航行和交通安全；

（四）搜寻与救助；

（五）打击跨国犯罪，包括但不限于打击毒品走私、海盗和海上武装抢劫以及军火走私。

在具体实施之前，有关各方应就双边及多边合作的模式、范围和地点取得一致意见。

七、有关各方愿通过各方同意的模式，就有关问题继续进行磋商和对话，包括对遵守本宣言问题举行定期磋商，以增进睦邻友好关系和提高透明度，创造和谐、相互理解与合作，推动以和平方式解决彼此间争议。

八、各方承诺尊重本宣言的条款并采取与宣言相一致的行动。

九、各方鼓励其他国家尊重本宣言所包含的原则。

十、有关各方重申制定南海行为准则将进一步促进本地区和平与稳定，并同意在各方协商一致的基础上，朝最终达成该目标而努力。

城与港相生相伴，二者互相促进。马来西亚的巴生港距离巴生市西南方约6千米，距离首都吉隆坡西南方38千米。1882年，雪兰莪英殖民政府为运输锡米，开始在马来西亚中西部修建铁路，促进了巴生港的开发。巴生港是马来西亚的最大港口，位于马六甲海峡，是远东至欧洲贸易航线的理想停靠港，使巴生港在航运市场中具有明显的竞争优势。在航运经济发展的时期，巴生港的存在极大地推动了巴生市和吉隆坡市的发展。近年，在中国"一带一路"倡议的推动下，不少中资企业也积极进驻巴生港自贸区。首个旨在为全球80%的年轻人、中小企业创造参与全球化自由贸易的世界电子贸易平台海外试验区于2017年3月22日落地马来西亚。这一平台的建立，促进了巴生港的转型，在提升劳动者素质的同时也提供了大量的就业机会，带动了巴生市和吉隆坡市经济的发展。

越南的第二大港口城市岘港，地处越南中部地带，濒临南海。2017年11月17日，岘港市向总理阮春福提交的2030年至2050年总体城市规划调整方案中提到，希望能扩大公共空间、提供全面的城市服务和环境保护等。借助美丽的自然风光和人文景观，岘港市把旅游业作为核心经济部门，同时集中发展高科技产业、高科技农场以及有机和安全农业；在港口方面，提出要将港口的功能更加细化的主张；在城市污水处理和城市交通规划中，借助气候环境和地理环境的影响，提出到2025年把岘港市发展成绿色城市，使其成为越南中部地区的经济中心以及驱动中部和中部高低地区经济发展的引擎。

新加坡市是新加坡共和国的首都，是政治、经济、文化中心。有"花园城市"之称，也是世界上最大港口之一和重要的国际金融中心。每天有800多艘船只和150 000多个集装箱进入港内，同时容纳30余艘巨轮停泊。每年约10万艘船只（大多数为邮轮）同行，具备修理世界最大的超级油轮的能力。近些年，随着港口的发展，提升了新加坡的国际竞争力，使新加坡在国际航运、贸易和金融业务中发挥着举足轻重的作用，使新加坡这个城市一直保持着强劲的发展势头。

凭海而居的人们随着岁月的变迁，会再次感受到只有南海成为和平之海、友谊之海、合作之海，人们的生活才能日益美好，城市的发展才能欣欣向荣，国家才能繁荣稳定。

参考文献

1. 张召忠.史说岛争［M］.北京：北京出版社，2014.

2. 张召忠.规范海洋［M］.广州：广东经济出版社，2013.

3. 张召忠.走向深蓝［M］.广州：广东经济出版社，2011.

4. 阿尔弗雷德·塞耶·马汉.海权论［M］.北京：同心出版社，2012.

综合探究 》》

古代学者、旅行家、航海家及渔民对南海诸岛的描述，散见于大量中外古籍，记载了我国人民从汉代开始就在南海诸岛捕鱼、居住。正是他们长期不断的辛勤劳动，才使无人岛变为有人岛，摆脱了原始状态。

★收集与交流

中国是唯一长期经营、管理南海诸岛及附近水域的国家。南海诸岛中的东沙、西沙、南沙、中沙诸岛，历来是中国领土的重要组成部分。古代著作记载了中国开发利用南海资源、实行主权管理和同南海周边地区人民友好往来的史实。

请同学们搜集有关南海诸岛的历史资料进行交流。

★ **查询与整理**

我国从秦朝开始对西沙群岛进行管理，汉朝的汉武帝派遣使臣从南海航行海外；《汉书·地理志》记载了我国先民从徐闻、合浦出海，前往南海诸岛及南洋各地进行探索拓殖，记下航海路程，在南海留下踪迹。

请同学们按照秦朝、三国时期、元朝等几个不同时期，分组查询和整理有关南海诸岛的故事与大家分享吧！

★ **呈现与展示**

南海是中国大陆濒临的四大海区之一，包括东沙群岛、西沙群岛、中沙群岛和南沙群岛四大群岛。

请同学们手绘一张南海的资源分布图进行展示吧。

专题三
一条世界上最长的铁路线

中欧班列（义乌—伦敦）由新疆维吾尔自治区阿拉山口出境，途经哈萨克斯坦、俄罗斯、白俄罗斯、波兰、德国、比利时、法国等国，经英吉利海峡隧道，最终抵达英国伦敦，全程12 451千米，运行时间18天，被誉为"地球最长的铁路线"。该线路贯穿亚欧大陆，直达英国。

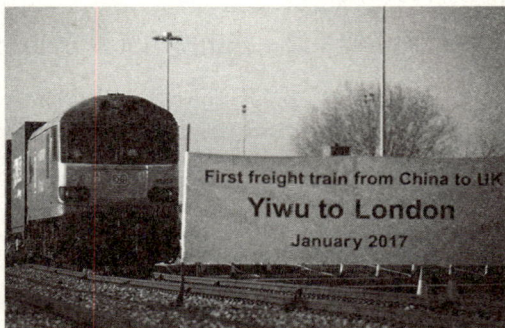

图3-1　中欧班列（义乌—伦敦）

◎ 探讨交流

假如不是义乌的一名市民，你认为中欧班列会运载哪些商品？

从义乌到伦敦的货物主要是义乌小商品，包括日用百货、服装、布料和箱包等。从伦敦运到义乌的货物主要是威士忌、母婴产品、建材、汽车零配件、药物、维生素产品、软饮料等。

车窗外的风景

◎ **探讨交流**

如果让你坐上中欧班列，沿线会看到哪些美丽的人文景观和自然风光？

哈萨克斯坦

努尔苏丹是哈萨克斯坦的首都，被称为欧亚大陆的"心脏"，是世界上最年轻的首都之一，也是中亚最现代化、最发达的城市。该市位于广阔的哈萨克斯坦中北部半沙漠草原，伊希姆河穿城而过，气候四季宜人，生态环境良好，是哈萨克斯坦工农业的主要生产基地、全国铁路交通枢纽。

努尔苏丹的象征是一座纪念塔兼观景塔，即巴伊杰列克观景塔。它的设计灵感来自于哈萨克族的神话故事。在球形观景台上，几乎可以看遍努尔苏丹全城。观景塔内还有一个大型水族馆和一个艺术画廊。

图3-2　巴伊杰列克观景塔

俄罗斯

莫斯科是俄罗斯联邦首都、莫斯科州首府，也是俄罗斯的政治、经济、文化、金融、交通中心以及最大的综合性城市。莫斯科地处俄罗斯欧洲部分中部、东欧平原中部，跨莫斯科河及其支流亚乌扎河两岸，是俄罗斯乃至欧亚大陆上极其重要的交通枢纽，也是俄罗斯重要的工业制造业中心、科技中心、教育中心。

从莫斯科大公时代开始，到沙皇俄国至苏联再到俄罗斯联邦，莫斯科一直担任着国家首都，迄今已有800余年的历史，是世界著名的古城。莫斯科拥有众多名胜古迹，如红场、克里姆林宫、列宁墓等。红场位于莫斯科市中心，意为"美丽的广场"。西面是克里姆林宫的红墙及三座高塔，南面是西里教堂，北面是一座红砖银顶的历史博物馆。克里姆林宫始建于800多年前，"克里姆林"一词的原意为"内城"，保存了俄罗斯最优秀的古典建筑和文化遗产。

德国

　　汉堡是德国的古老城市之一。现今，汉堡是德国三大州级市（柏林、汉堡、不来梅）之一，德国第二大城市，也是德国最重要的海港和最大的外贸中心、德国第二金融中心，同时是德国北部的经济和文化大都市，有着"世界桥城"的美称。汉堡是德国北部重要的交通枢纽，是欧洲最富裕的城市之一，也是德国的新闻传媒与工业制造业中心。汉堡是世界大港，被誉为"德国通往世界的大门"。世界各地的远洋轮船来德国时，都会在汉堡港停泊。

　　汉堡市是欧洲著名的"水上城市"，拥有大小桥梁2 400多座，比意大利威尼斯城还要多5倍，是世界上桥梁最多的城市，这些桥梁如一件件艺术品装点着城市。现存最古老的石桥是建于1633年的"关锐桥"，仅10多米长，造型简单，朴实无华。最现代化的桥是跨越易北河的柯尔布兰特公路桥，建成于1974年，长约4 000米，高50多米，桥面可并行4辆汽车，号称"百桥之首"。

英国

　　英国，全称大不列颠及北爱尔兰联合王国，是由大不列颠岛上的英格兰、威尔士、苏格兰和爱尔兰岛东北部的北爱尔兰，以及一系列附属岛屿共同组成的一个西欧岛国。

　　英国是一个高度发达的资本主义国家，也是欧洲乃至世界经济最强盛的国家之一，也

图3-3　伦敦塔桥

是欧洲四大经济体之一。其国民拥有较高的生活水平和良好的社会保障制度。英国是英联邦元首国、八国集团成员国、北约创始会员国及联合国安全理事会五大常任

理事国之一。

　　伦敦是大不列颠及北爱尔兰联合王国首都，英国的政治、经济、文化、金融中心，是全世界博物馆和图书馆数量最多的城市。伦敦有7座世界排名前100的大学。

　　伦敦的主要景点有泰晤士河、伦敦塔桥、威斯敏斯特宫、伊丽莎白塔、"伦敦眼"、格林尼治天文台等。

多彩的伙伴群

　　当今国际社会风云变幻，国际组织在经济全球化、政治多极化中的作用日益凸显，各种功能的国际组织层出不穷。随着中国推动的"一带一路"倡议和亚洲基础设施投资银行（亚投行）等的实施，对外开放水平不断提升，不仅建立了亲密的双边伙伴关系，更拥有发展良好的伙伴群，中国与世界的联系越来越紧密。

◎ 探讨交流

　　英国是联合国安全理事会常任理事国之一，你还知道哪些国家是常任理事国？你知道中欧班列沿线还有哪些国际组织？

欧洲联盟

　　欧洲联盟，简称欧盟（EU），总部设在比利时首都布鲁塞尔，由欧洲共同体发展而来。创始成员国有6个，分别为德国、法国、意大利、荷兰、比利时和卢森堡。该联盟现拥有27个会员国，正式的官方语言有24种。

图3-4　欧盟会旗

　　1993年11月1日，《马斯特里赫特条约》正式生效，欧洲联盟正式成立，欧洲三大共同体（欧洲煤钢联营、欧洲原子能联营和欧洲经济共同体）纳入欧洲联盟，这标志着欧洲共同体从经济实体向经济政治实体过渡，同时发展共同的外交及安全政策，加强司法及内政事务上的合作，并于2004年通过《欧盟宪法条约》。

　　欧盟整体拥有雄厚的经济、贸易和金融实力，是当今世界经济格局中强有力的一极。它不仅推进了世界多极化的发展格局，而且成为维护国际多边体系和国际新秩序的重要力量。

亚洲基础设施投资银行

　　亚洲基础设施投资银行，简称亚投行，是一个政府间性质的亚洲区域多边开发机构，重点支持基础设施建设。截至2020年7月，已经有103个正式成员国，联合国安理会常任理事国占4个，G20成员占17个，七国集团成员占5个，金砖国家全部加入。

　　亚投行的建立，首先能增加居民的投资渠道。亚投行重点支持基础设施建设，特别是铁路、公路、航空、港口、工业园区等基础设施建设。未来亚投行还将采取成员国发行主权债券等方式筹集资金，这一系列的举措极大地拓宽了各成员国居民的投资渠道。当然，随着区域间合作的深入，中国居民海外投资的机会也大大增加。

◎ 探讨交流

　　除了为各参与国提供低息贷款外，亚投行能给咱百姓的"钱袋子"带来什么好处呢？

　　随着基础设施建设的进度加快，以后赴东南亚或欧洲旅行也许不再只能选择坐飞机，还可选择乘坐高铁或邮轮。

◎ 探讨交流

你知道亚投行的创始国有哪些国家吗？

"要想富，先修路。"这句在当今中国家喻户晓的话，道出了30多年跨越发展的历程中，中国在基础设施建设与经济发展大局关系上积累的重要经验。"一带一路"最重要的是与沿线国家共商共建共享。成立亚投行、设立丝路基金解决了众多国家建设基础设施缺乏资金的问题，极大地推动了"一带一路"建设。

上海合作组织

上海合作组织，简称上合组织，是哈萨克斯坦共和国、中华人民共和国、吉尔吉斯共和国、俄罗斯联邦、塔吉克斯坦共和国、乌兹别克斯坦共和国于2001年6月15日在中国上海宣布成立的永久性政府间国际组织。

2017年6月1日，印度和巴基斯坦成为正式成员。这是上合组织2001年成立以来首次扩大。

图3-5 上海合作组织会徽

上海合作组织的宗旨：上海合作组织的宗旨：加强各成员国之间的相互信任与睦邻友好；鼓励成员国在政治、经贸、科技、文化、教育、能源、交通、旅游、环保及其他领域的有效合作；共同致力于维护和保障地区的和平、安全与稳定；推动建立民主、公正、合理的国际政治经济新秩序。

合作的方向：维护地区和平，加强地区安全与信任；就共同关心的国际问题，包括在国际组织和国际论坛上寻求共识；就裁军和军控问题进行协调；支持和鼓励各种形式的区域经济合作，推动贸易和投资便利化，以逐步实现商品、资本、服务和技术的自由流通等。

2018年，中国接任上海合作组织轮值主席国，于6月在青岛举办了峰会。上海合作组织的前身是"上海五国"机制，2001年6月举办第一次峰会——上海峰会，截止到2020年6月已经举办了20次峰会。

知识链接

　　无论是杭州"G20"，还是厦门"金砖"峰会，都诠释了"一次盛会，改变一个城市"的定律。青岛自从2008年成功举办了奥帆赛这一国际盛会之后，一直没有机会举办在全球具有广泛影响力的顶级会议。2018年举办的上合峰会，无疑为青岛带来了蜕变的历史性机遇。

　　截止2020年上合峰会已举办20次，其中首次和第6次在上海举办，第12次在北京举办。而2018年的峰会落户中国，既没有选择北京，也没有选择上海，而是选择青岛，证明了国家对青岛实力的认可。

　　青岛承办一次这样的会议，不仅仅只是一次会议，更说明了青岛有能力举办大型国际会议，并且是许多国家元首"扎堆"的国际会议。

　　通过峰会，我们取得了哪些成就？

拓展阅读

　　上合峰会为何选择在青岛举办？

　　青岛作为山东省的经济发展中心，具有较强的经济活力、竞争力与开放程度。青岛体现出强大的综合实力和竞争力，展现了在发展财富管理方面相当强的影响力。

　　优越的地理区位与自然资源：青岛拥有近海海域8 445平方千米，天然港湾49处，海岸线长711千米，胶州湾、董家口、鳌山湾等是优良的天然港址，拥有"山、海、城、文、商"有机结合的旅游资源优势。

　　海洋经济实力雄厚：青岛作为我国海洋科技创新城市，拥有约占全国五分之一的涉海科研机构、三分之一的部级以上涉海高端研发平台，涉海两院院士占全国27.7%。2018年，青岛市海洋生产总值增长15%，占全市生产总值的26.5%。以打造"中国蓝色硅谷"为战略思想，以青岛"蓝色硅谷"为重点建设的山东半岛蓝色经济区上升为国家战略。

　　上海合作组织展开的多方位合作内容之一是教育合作。2007年8月16日，在上海合作组织比什凯克元首峰会上，俄罗斯时任总统普京倡议成立"上海合作组织大学"，得到各成员国的一致赞同。

　　截至2017年底，上海合作组织大学项目院校有来自上海合作组织5个成员国(哈萨克斯坦、中国，吉尔吉斯斯坦、俄罗斯、塔吉克斯坦）的82所院校组成。共7个专业方向（区域学、生态学、能源学、IT技术、纳米技术、经济学和教育学），中方项目院校20所。

上海合作组织大学目的和任务

加强上海合作组织成员国间的互信和睦邻友好关系；推动在教育、科研和技术领域里的一体化进程；为拓展教育、科研、文化合作增添新的动力；为青年人接受高质量的现代化高等教育，为教师和科研人员开展学术交流提供更多的机会；促进上海合作组织成员国间在政治、经济贸易、科学技术和文化领域里的合作，使其更加富有成效。

另外，莫斯科1507学校、圣彼得堡35中学等18所俄方学校和青岛第六十六中学等12所中方学校自愿组成联盟。青岛第六十六中学俄语班是为落实"一带一路"青岛教育行动而举办的俄语人才培养项目。

和谐的朋友群

国际组织亦称国际团体或国际机构，具有国际性行为特征，是两个或两个以上国家（或其他国际法主体）为实现共同的政治经济目的，依据其缔结的条约或其他正式法律文件建立的有一定规章制度的常设性机构。

知识链接

据《国际组织年鉴》统计，20世纪初，世界有200余个国际组织，到20世纪50年代发展到1 000余个，70年代末增至8 200余个。1990年约为2.7万个，1998年为4.8万余个，21世纪初超过5.8万个。截至2016年，世界有6.2万余个国际组织，包括主权国家参加的政府间国际组织和民间团体成立的非政府国际组织。它们既有全球性的，也有地区性、国家集团性的。

国际组织可以分为政府间组织和非政府间组织，也可分为区域性国际组织和全球性国际组织。政府间的国际组织有联合国、欧洲联盟、东南亚国家联盟（东盟）、世界贸易组织等；非政府间的国际组织有国际足球联合会、国际奥林匹克委员会、国际红十字会等。各种国际组织在当今世界发挥着重要作用，但受诸多因素影响，有其局限性。

国际奥林匹克委员会

国际奥林匹克委员会（简称国际奥委会），是一个国际性、非政府间、非营利组织，是奥林匹克运动的领导机构。1981年9月17日，瑞士联邦议会确认其为无限期存在的具有法人资格的国际机构，总部位于瑞士洛桑。

◎ 探讨交流

你喜欢的奥林匹克运动项目是什么？这些奥林匹克运动会受哪个国际组织的领导？

国际奥委会组织举办奥林匹克运动会、青年奥林匹克运动会、冬季奥林匹克运动会、残疾人奥林匹克运动会等。它组织的首届夏季奥运会于1896年在希腊雅典举行，首届冬奥会于1924年在法国霞慕尼举行。2008年，中国承办了第28届国际奥林匹克运动会，这是我国首次举办奥林匹克运动会，而青岛作为协办城市助力北京奥运会圆满成功。

知识链接

马拉松是国际上非常著名的长跑比赛项目，全程26英里385码，折合为42.195千米（也有说法为42.193千米）。按距离分，该项目分全程马拉松、半程马拉松和四分马拉松三种。其中，全程马拉松比赛最为普及，一般提及马拉松，即指全程马拉松。

北京申冬奥成功了！2022年冬季奥运会落户北京和张家口。北京也由此成为历史上首个既举办过夏季奥运会，又将举办冬季奥运会的城市。

◎ 探讨交流

北京申冬奥成功后会给中国带来什么影响呢？又将会给我们的生活带来哪些变化？

习近平主席对办好2022年北京冬奥会作出重要指示强调：要坚持绿色办奥，提升全社会环保意识，加强环境治理和污染防控，把绿色发展理念贯穿筹办工作始终。坚持共享办奥，积极调动社会力量参与办奥，提高城市管理水平和社会文明程度，加快冰雪运动发展和普及，使广大人民群众受益。坚持开放办奥，借鉴北京奥运会和其他国家办赛经验，弘扬奥林匹克精神，加强中外体育交流，推动东西文明交融，展示中国良好形象。坚持廉洁办奥，严格预算管理，控制办奥成本，强化过程监督，让冬奥会像冰雪一样纯洁干净。要加强组织领导，统筹推进各项工作，确保把北京冬奥会办成一届精彩、非凡、卓越的奥运盛会。

拓展阅读

2022年北京冬奥会的魅力

2022年北京冬奥会会徽以汉字"冬"为灵感来源，运用中国书法的艺术形态，将厚重的东方文化底蕴与国际化的现代风格融为一体，呈现出新时代中国的新形象、新梦想，传递出新时代中国为办好北京冬奥会、推动世界冰雪运动发展，为国际奥林匹克运动和人类可持续发展做出新贡献的不懈努力和美好追求。

北京冬奥会可带动3亿人参与到冰雪运动中，不仅对奥林匹克精神的传播起到重要作用，还会让众多中国人爱上冰雪运动。新高铁开通、新机场投用，出行更便捷。通过申办冬奥会，北京和张家口两地将迎来加速城市发展、改善基础设施的契机。

2022年，冬奥会将在春节期间举办，这不仅是一次体坛盛会，更是一个惠及千家万户的广阔平台，它承载着中国人民的冬奥梦想，更承载着中华民族的体育强国之梦。

联合国

联合国是第二次世界大战后成立的国际组织，是一个由主权国家组成的国际组织。1945年10月24日，在美国旧金山签订生效的《联合国宪章》，标志着联合国正式成立。联合国致力于促进各国在国际法、国际安全、经济发展、社会进步、人权及实现世界和平方面的合作。

图3-6 联合国总部

联合国安全理事会的五大常任理事国有美利坚合众国（美国）、俄罗斯联邦、大不列颠及北爱尔兰联合王国（英国）、法兰西共和国（法国）和中华人民共和国。

总部设立在美国纽约的联合国，现在（截至2020年）共有193个成员国，其中亚洲39个，非洲54个，东欧及独联体国家28个，西欧23个，拉丁美洲33个，北美洲及大洋洲16个，包括所有得到国际承认的主权国家，此外还有2个观察员国（梵蒂冈和巴勒斯坦）。

知识链接

你不知道的联合国

"联合国"是1942年由美国总统富兰克林·罗斯福向英国首相温斯顿·丘吉尔提出的。罗斯福建议丘吉尔将原定的"二战盟国"改为"联合国"。丘吉尔指出，英国诗人拜伦在长篇叙事诗《恰尔德·哈罗德游记》中，曾用此名来描述滑铁卢战役中的盟国："这里，联合国剑已出鞘，同胞将于彼日踏上战场！这一切都将亘古永存。"

联合国在纽约的土地归谁所有？联合国总部在纽约，此地由石油大王约翰·洛克菲勒捐赠。其所在地被认为是国际领土，不必遵守纽约市的建筑规范。

在联合国工作，值吗？身为联合国外交人员，也有独一无二的"好处"：他们拥有外交豁免权，可以拒绝支付违规停车罚单。

联合国史上发言时间最长的纪录由印度驻联合国大使梅农创造，总时长为8个小时。梅农中途因病就医，而后又回到现场，边测血压边讲了一个小时。

联合国是一个大家庭，加入其中意味着各种专门性的国际机构将向会员国敞开大门。从1971年起，中国先后恢复和加入了国际民航组织（1971年）、世界卫生组织（1972年）、国际奥委会（1976年）、国际货币基金组织（1980年）、世界银行（1980年）、国际原子能机构（1984年）、国际刑警组织（1984年）、亚太经济合作组织（1991年）、世界贸易组织（2001年）、国际移民组织（2016年）等一些主要的国际性组织。

中国是联合国创始会员国，是安理会常任理事国，在联合国中有重要影响。联合国前秘书长安南曾称："中国将会在世界秩序的重建中发挥重要的作用。"现任联合国秘书长古特雷斯说："当今世界，中国已经成为联合国事业和多边主义的重要支柱。中方倡议建立亚洲基础设施投资银行，积极参与联合国维和行动，并斡旋解决各种冲突，大力支持和帮助其他发展中国家，对国际和平与发展做出重要贡献。"

中国已成为安理会五大常任理事国中参与维和人数最多的国家。同时，在裁军、核不扩散、脱贫、气候变化等问题上为世界做出了突出贡献。"一带一路"倡议、"人类命运共同体"理念、"大众创业、万众创新"、"共商、共建、共享"原则等影响着联合国，并转化为国际共识。

联合国人权理事会

联合国人权理事会主要职能包括促进对所有人人权与基本自由的普遍尊重；处理侵犯人权的情况并提出建议；推动各国全面履行人权义务；推动联合国系统人权主流化；在与会员国协商同意后，帮助会员国加强人权能力建设，促进人权教育并提供技术援助；提供讨论人权专题平台；向联合国大会提出进一步发展国际人权法的建议；向联合国大会提交年度报告等。

2006年3月15日，第60届联合国大会通过第60/251号决议，成立人权理事会，取代人权委员会。理事会系联合国大会下属机构，由47个成员国组成，遵循公平地域分配原则，包括亚太组13国、非洲组13国、拉美组8国、东欧组6国、西方组7国。

理事会成员由联合国大会秘密投票选举产生，必须获半数以上会员国支持才能当选，任期3年，只能连选连任一届。中国于2006—2012年、2014—2016年及2017—2019年担任人权理事会成员。2020年10月，第75届联合国大会改选人权理事会成员，中国再次当选，任期为2021—2023年。

促进和保护人权与基本自由是《联合国宪章》的重要宗旨和原则，中国政府一贯支持联合国为此所做的努力，并积极参与联合国在人权领域的活动。

国际货币基金组织

根据1944年7月在布雷顿森林会议签订的《国际货币基金协定》，国际货币基金组织于1945年12月27日在华盛顿成立。其与世界银行同时成立，并列为世界两大金融机构之一。其职责是监察货币汇率和各国贸易情况，提供技术和资金协助，确保全球金融制度运作正常。总部设在华盛顿。我们常听到的"特别提款权"就是该组织于1969年创设的。

知识链接

特别提款权，亦称"纸黄金"，最早发行于1969年。国际货币基金组织根据会员国认缴的份额分配，可用于偿还国际货币基金组织债务、弥补会员国政府之间国际收支逆差的一种账面资产。因为它是国际货币基金组织原有的普通提款权以外的一种补充，所以称为特别提款权。

2016年10月1日起，人民币、美元、欧元、日元和英镑一起构成"特别提款权货币篮子"。

2017年10月1日，国际货币基金组织官方正式宣布人民币成为可自由使用的国际货币。人民币是第五种可自由使用的货币。

◎ **探讨交流**

人民币入"篮"对我们的生活有哪些影响？

人民币纳入"特别提款权货币篮子"会吸引更多国家将人民币纳入自己的外汇储备，对全球货币市场和国际货币资本流动产生重大影响。人民币"入篮"标志着人民币成为第五大国际货币，也是第一个被纳入"特别提款权篮子"的新兴市场国家货币，有利于提升新兴市场国家的话语权。

世界卫生组织

世界卫生组织（World Health Organization，简称WHO）是联合国下属的一个专门机构，国际上最大的政府间卫生组织。其前身可以追溯到1907年成立于巴黎的国际公共卫生局和1920年成立于日内瓦的国际联盟卫生组织。2007—2017年，中国人陈冯富珍担任世界卫生组织总干事。

世界卫生组织（下称"世卫组织"）的宗旨是使全世界人民获得尽可能高水平的健康。该组织给健康下的定义为"身体、精神及社会生活中的完美状态"。世卫组织的主要职能包括促进流行病和地方病的防治；提供和改进公共卫生、疾病医疗和有关事项的教学与训练；推动确定生物制品的国际标准等。

中国是世界卫生组织创始成员国。长期以来，中国对全球卫生事业和世界卫生组织工作做出了重要贡献。

世界卫生组织将始终坚定奉行一个中国原则，高度评价中国的全民健康计划，将继续支持中国深化医疗卫生改革。世界卫生组织赞赏中国在全球卫生安全和卫生治理领域的领导能力，愿加强同中方在"一带一路"框架下合作，以提高"一带一路"沿线国家的健康卫生水平。

拓展阅读

国际组织的中国"掌门人"

随着中国经济总量在世界上的排名显著上升，中国向各国际组织缴纳的会费也大幅度增加，这在客观上为更多的中国籍人员到国际组织任职创造了有利条件。

2003年，中华人民共和国驻俄罗斯大使张德广被任命为上海合作组织首任秘书长。

2003年，史久镛当选国际法院院长；同年，中国前驻法大使吴建民当选国际展览局主席。

2004年，中国人跻身世界气象组织和万国邮政联盟核心决策圈。

2007年，来自中国香港的陈冯富珍当选世界卫生组织总干事；毕业于南京邮电学院的赵厚麟当选国际电信联盟副秘书长。

2009年，北京大学教授林毅夫被任命为世界银行高级副行长兼首席经济学家。2011年，中国人民银行副行长朱民出任国际货币基金组织副总裁。

2013年更是迎来了中国人担任国际组织高官的小高潮：6月，财政部副部长李勇当选联合国工业发展组织总干事；8月，中国驻世贸组织大使易小准任世贸组织副总干事；9月，鞍钢总经理张晓刚当选国际标准化组织主席；11月，教育部副部长郝平当选联合国教科文组织大会主席。

2013年，徐浩良被任命为联合国助理秘书长。

2015年，53岁的柳芳在国际民用航空组织第204届理事会上被选举为新一任秘书长。她是国际民用航空组织历史上首位中国籍秘书长，也是首位女性秘书长。

2015年，亚洲基础设施投资银行成立后，中国人金立群担任亚投行的首任"掌门人"。

随着中国与外部世界联系日趋紧密，越来越多的中国人开始登上国际组织的高管职位，以中国智慧获得国际社会认可。

参考文献

1. 张丽华.国际组织概论［M］.北京：科学出版社，2015.

2. 腾珺.国际组织需要什么样的人［M］.上海：上海教育出版社，2018.

3. 高柏，甄志宏.中国班列——国家建设与市场建设［M］.北京：社会科学文献出版社，2017.

4. 王雄.丝路大通道——中欧班列纪行［M］.北京：外文出版社，2018.

综合探究 》》

中国与国际组织

随着信息技术的迅猛发展和全球化趋势的推进，国际组织快速扩张，它们不仅数量多，而且覆盖广泛，包括政治、经济、社会、文化、体育、卫生、教育、环境、安全、贫穷、人口、妇女儿童等众多人类生存和发展相关的领域，已成为影响世界局势和人类社会发展的重要力量。了解国际组织的发展与现状，就是了解国际社会的发展与现状。

中华人民共和国与国际组织关系的历史演变主要分3个阶段：

从中华人民共和国建立初期到1971年——中国被排斥在联合国等国际组织之外，为了恢复在联合国的合法席位进行了不懈斗争。

从1971年到改革开放前——中国恢复了在联合国的合法席位，并与大批国际组织恢复、建立了友好合作关系。

改革开放以来——中国恢复了在世界银行和国际货币基金组织的席位，加入了世界贸易组织、亚太经合组织等国际组织。中国奉行独立自主的和平外交政策，坚持对外开放，广泛参加各种国际组织，主动参与各个领域的多边外交活动，在国际事务中发挥着积极作用。

★收集与整理

1. 世界上有哪些国际组织？总部位于哪里？

2. 国际组织的历史发展过程是怎样的？挑选一个说明。

★探讨与感悟

1. 各国际组织在国际社会中发挥的作用有哪些？简要评价其作用。

2. 你认为当前国际组织的发展是否符合国际社会发展的趋势？选取其中的一两个事例，做简要分析。

★体验与实践

随着中国在国际社会发挥的作用越来越重要，你认为中国应该如何携手国际组织为世界的和平与发展作出贡献？

专题四

一颗闪耀在人类皇冠上的明珠

《蜀道难》

作者：李白

噫吁嚱，危乎高哉！蜀道之难，难于上青天！蚕丛及鱼凫，开国何茫然！尔来四万八千岁，不与秦塞通人烟。西当太白有鸟道，可以横绝峨眉巅。地崩山摧壮士死，然后天梯石栈相钩连。上有六龙回日之高标，下有冲波逆折之回川。黄鹤之飞尚不得过，猿猱欲度愁攀援。青泥何盘盘，百步九折萦岩峦。扪参历井仰胁息，以手抚膺坐长叹。

问君西游何时还，畏途巉岩不可攀。但见悲鸟号古木，雄飞雌从绕林间。又闻子规啼夜月，愁空山。蜀道之难，难于上青天，使人听此凋朱颜！连峰去天不盈尺，枯松倒挂倚绝壁。飞湍瀑流争喧豗，砯崖转石万壑雷。其险也如此，嗟尔远道之人胡为乎来哉！剑阁峥嵘而崔嵬，一夫当关，万夫莫开。所守或匪亲，化为狼与豺。朝避猛虎，夕避长蛇，磨牙吮血，杀人如麻。锦城虽云乐，不如早还家。蜀道之难，难于上青天，侧身西望长咨嗟。

◎ 唐代诗人李白感叹"蜀道难"的主要原因是什么？今天，中国人又是如何解决这一难题的？

科技改变生活

知识链接

近年来，四川省巴中市已建成以1座机场、4条铁路、8条公路为"骨架"的航空、铁路、公路立体交通格局。全市公路交通总里程17 184千米，"村村通"通达率100%，形成市域半小时经济圈和周边市1小时经济圈、成渝西3小时经济圈。昔日蜀道难于上青天，而今天堑变通途。

截至2019年底，中国高速铁路营业总里程达3.5万千米，居世界第一位。"八纵八横"高铁网基本成型，建成了世界最现代化的高速铁路网。

◎ 我国高铁的发展态势及其影响是什么？这又说明了什么？

图4-1 今蜀道——巴中市空、铁、公立体交通网

科技让生活更美好

科技是一种标志，它带领人类从蛮荒走向文明，从古代迈向近现代；科技是一种手段，不断助推人类通信便捷，不断提升生活节奏和品质，甚至能够帮助我们实现对美味可口和洁净快捷饭菜及家居智能化的渴望。

科技在生活中不可缺少，我们可以通过电视、电脑、手机等网络终端了解国内外时事、看动画片和综艺表演等。可以通过因特网和亲朋好友聊天、游戏、分享以及提供各种各样的远程服务，甚至可以做到足不出户购物、就医和娱乐互动；更可以通过汽车、火车、飞机等各种交通工具和网络工具来突破不同地域交往的天然屏障，真正实现"地球村"无障碍交流团聚。在共商、共建、共享的过程中谋得共同发展，并不断创造更为美好灿烂的生活与未来。

拓展阅读

"飞人"的传说

中国神话故事中，最为人称道的当数各路神仙和飞天（在空中飞翔的神仙）了。例如，中国古代的轩辕黄帝是骑着龙上天的，而在中国古代艺术瑰宝——敦煌莫高窟里，很多精美的壁画中出现最多的人物当数飞天。据统计，在敦煌550多个石窟里共有4 000余飞天，她们都是清一色的少女，身披长巾飘带，奏乐、散花、飞舞，千姿百态。西方神话故事中的天使也长着一对翅膀，担负着将上帝福音和教导传给人类。阿拉伯神话里的英雄则乘一块编织精美的毛毯在天空中飞行；希腊神话里的太阳神赫里俄斯的火焰战车则是由体强力壮、背生双翼的骏马拉动。

◎ 探讨交流

1. 为何中外神话故事中都存在"飞人"形象？

2. 近现代以来，人类先后创造出哪些飞行工具？对人类有哪些重要影响？

那些美丽的传说和神话无不包含人类对飞行的最初幻想，我们今天在航空航天领域的伟大成就正是在这些美好梦想的激励和启迪下不断进行科技创新实现的。

图4-2　歼-15战斗机

图4-3　歼-20隐形战斗机

图4-4 运-20（胖妞）

图4-5 C919客机

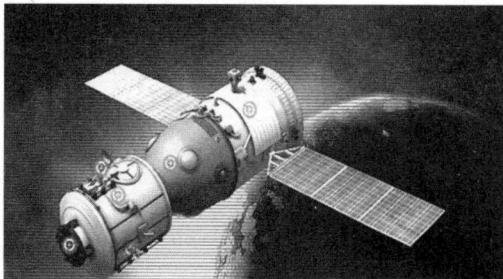

图4-6 神舟飞船

图4-7 美国航天飞机

从农耕时代到工业时代再到信息时代，科技力量不断推动人类创造新的世界。现如今，互联网正以改变一切的力量，在全球范围内掀起一场影响人类所有层面的深刻变革。一方面，互联网时代的典型特点是多对多交互，不仅包括人与人，还包括人机交互以及无数终端的交互链接；另一方面，基于物联网、大数据、云计算和人工智能发展，必将推动人类社会进入一个万物互联的智能时代，也必将给我们的生活带来翻天覆地的变化。

科技让生活更精彩

图4-8 自行车

图4-9 摩托车

图4-10 轿车

图4-11 火车

图4-12 轮船

图4-13 飞机

◎ **探讨交流**
你喜欢哪种出行方式？请说明理由。

　　科技使人们的出行方式有更多便利的选择。古人出行大多是徒步、骑马或行舟。伴随着金属制造业的发展，人类开始步入自行车时代，而蒸汽机的发明则推动人类快速迈入火车、轮船运输时代，特别是伴随着电子工程技术的发展，人类更是有了多重选择的空间。如今，人们出行可以在自行车、摩托车、轿车、公交车、火车、轮船和飞机等出行工具中任意选择自己喜欢的出行方式，乃至乘坐航天飞机往返于太空与地面之间或进行星际旅行都已成为现实。

　　科技让运动更精彩。现代科技已广泛应用于运动训练，使技术动作的改进和协调更加完善，训练装备及科学化水平不断提高，运动成绩不断挑战新高，人类正在不断创造和超越一个又一个精彩的体育运动纪录。某种意义上说，现代体育竞赛，不仅是体育科技实力的集中体现，在

图4-14 北京奥运会会徽

很大程度上更是参赛国之间的科技竞赛，涉及生物科学、信息科学、材料科学等领域的高新技术对竞技体育的介入性影响。正因为如此，现代体育运动集竞技性、挑战性、科技性于一体，且更具观赏性、娱乐性、发展性的人文精神和科技之光。

图4-15 北京冬季奥运会会徽及运动项目标志图

◎ 探讨交流

1. 目前，奥运会体育运动项目是如何分类的？科技对体育运动有哪些影响？

2. 举例说明你所参与的校园体育活动中的科技含量。

令人惊叹的翼装飞行

翼装飞行，国际称之为飞鼠装滑翔运动，是指运动员穿戴着拥有双翼的飞行服装和降落伞设备进行滑翔运动。翼装飞行发展至今，在设计和制造上已经有了很大进步，但基本原理始终不变，即通过增加人体的迎风面积来增加升力，从而实现人体在空中的无动力飞行。无动力翼装飞行进入理想飞行状态后，飞行速度通常可达200千米/小时。运动员可以从具有一定高度的悬崖绝壁、高楼大厦从热气球及飞机上一跃而下。飞行者通过运用肢体动作来掌控滑翔方向，实现无动力空中飞行，到达安全极

图4-16 飞行运动

限的高度时运动员打开降落伞平稳着落。整个过程大部分时间都是通过翼装飞行服进行滑翔飞行是这项极限运动的精髓和乐趣，而它带给人类的精彩远不止这些。

拓展阅读

　　滑翔伞最早源于阿尔卑斯山区登山者的突发奇想。1978年，来自沙木尼的法国登山家贝登用一顶高空方块伞从山腰起飞并成功飞到山下，自此一项新奇的运动便诞生了。1984年，法国登山家菲隆从勃朗峰上飞出，滑翔伞在一夜之间声名大噪，迅速在世界各地兴起。仅欧洲的滑行伞飞行者就有300多万人，在我国也已成为广大航空运动爱好者向往、追求和迷恋的一项体育运动。

图4-17　冲浪　　　　图4-18　高空跳伞　　　　图4-19　极限摩托车

◎ 探讨交流

　　你了解的极限运动有哪些？试举例谈谈科技在极限运动中的应用价值。

　　科技使得消费内容和方式愈发精彩。随着科学技术发展突飞猛进，科技产品在我们的生活中无时不在、无处不在。作为机械技术、电子技术、信息技术有机结合的产物——智能机器人，现已开始用于生产、生活的许多领域。它具有类人的感知、识别、推理和判断能力，并可以根据外界条件的变化对自己做相应调整，甚至在一定范围内能自主学习、自行设计、自主制造和维护。智能机器人的出现将会解放很大一部分劳动力，其类人化的功能决定了其必将改变人类的消费内容、消费方式，也必将成为人类的朋友。

◎ 探讨交流

　　1.你了解图片中的智能机器人吗？它们都有哪些功能？

　　2.你认为智能机器人对我们的学习、生活、工作会有哪些影响？

惊艳世界的智能机器人

如今，智能机器人已在生活、生产、医疗、航空航天和军事上得到广泛应用。日本、美国等国家已研制出多种农业机器人：采摘机器人、耕耘机器人、除草机器人等，其高精度、高效作业能力是人无法相比的。未来高级自律型机器人还会拥有一定的自动规划能力和自主开发、制造能力，可以不需要人的照料，基本能独立地工作。

智能机器人已呈现出专业化、微型化的发展趋势，在家庭护理、远程医疗、战地救护、娱乐等领域应用前景广阔。例如：2001年，身在美国纽约的外科医生雅克·马雷斯科成功地利用机器人为躺在法国东北部城市某医院的一位女患者做了胆囊摘除手术，这是网络机器人成功应用的典例。在中国，北京航空航天大学、清华大学和海军总医院共同开发的遥控操作远程医用机器人系统可以在异地为病人实施开颅手术。2017年10月27日，沙特阿拉伯国王正式向由中国香港汉森机器人技术公司开发的人工智能和人形机器人索菲亚颁发了机器人历史上第一个公民身份证，这无疑是类人机器人具有划时代意义的伟大时刻。

知识链接

2017年6月19日，在德国法兰克福举行的全球超级计算大会上公布的新一期全球超级计算机500强榜单中，由中国国家并行计算机工程技术研究中心使用中国自主芯片研制的"神威·太湖之光"第3次出现在全球超算500强榜单的榜首位置，成功实现三连冠。"神

图4-20 "神威·太湖之光"

威·太湖之光"是首个完全用"中国芯"（"申威26010"众核处理器）制造的中国最强大的超级计算机，其一分钟计算能力相当于72亿人同时用计算器不间断计算32年，且两项应用成果进入"戈登·贝尔奖"提名。

超级计算，已同理论研究和科学实验共同成为人类探索未知世界的三大科学手段。目前，应用领域涉及天气气候、航空航天、先进制造、新材料等19个领域，支持国家重大科技应用、先进制造等领域几百项的解算任务。截至2018年11月，全球最强超级计算机前十位中，中国占有两席。

如今，科学技术已经深深地影响、改变甚至引领着我们的日常生活，成为经济社会发展乃至国际竞争中的关键。尤其21世纪以来，计算机网络技术、电子信息技术、人工智能技术等科技的飞速发展，不仅使手机、电脑等这些高科技产品步入寻常百姓家，成为我们的生活必需品，而且我们还必须看到，科学技术在很大程度上深刻变革着我们的生活理念和生活方式，改变着我们的文化思维，并将人类带入崭新的智能时代。

回首发展历程

李约瑟博士是英国现代生物化学家、科学技术史专家，他将中国中世纪的科技成就和西欧文艺复兴后的科技成就进行了对比。在研究中国科技史的发展进程中，极其自然地提出了他的"李约瑟难题"：为什么中国古代科学技术胜过欧洲，而近代科学革命却没有在中国发生？

◎ 探讨交流
你认为导致中国古代科技兴衰的主要原因是什么？对我们有何启示？

独领风骚的中国古代科技成果

中华民族的科技活动有悠久的历史，亦为人类发展做出过巨大的贡献，在16世纪中期以前一直处于世界科技舞台的中心。

早在甲骨文中就有了日食的记载；战国时期的《考工记》准确地记载了6种不同成分的铜锡合金及其用途，而《墨经》中有包括杠杆原理和浮力理论等大量物理学知识的叙述，以及声学和光学的记载，并较系统地阐述了光影关系、小孔成像等原理，被现代科学家称为"《墨经》光学八条"。

西汉时期中国人发明了造纸术。公元105年，东汉的蔡伦又改进和提高了造纸技术，使得造纸术在中国迅速发展。汉朝的《九章算术》介绍了许多算术命题及其解法，是当时世界上最先进的应用数学，它也标志着中国古代数学形成了完整的体系。

魏晋南北朝时期，数学家刘徽运用极限理论提出了计算圆周率的正确方法。南朝的祖冲之更是精确地计算出圆周率在3.141 592 6～3.141 592 7之间，这一成果比外国早了近一千年，其所著的《缀术》对数学发展有杰出贡献。北朝时期的农学家贾思勰所著的《齐民要术》是中国现存最早、最完整的农书。公元3世纪左右中国人发明了瓷器，此技术在11世纪传到波斯（今伊朗），并经阿拉伯半岛于1470年左右传到欧洲。

唐宋时期，中国科学家发明了火药，并于唐末首次用于战争。北宋科学家沈括的《梦溪笔谈》堪称"中国科学史上的里程碑"，书中总结了我国古代（主要是北宋时期）的许多科技成就，在我国和世界科技史上有重要地位。

明朝徐光启的《农政全书》建立了一个比较完整的农学体系。同期的《天工开物》一书专门对明代农业、手工业的生产技术进行了总结，被国外称为"中国17世纪工艺百科全书"。明代李时珍所著的《本草纲目》更是成为中国古代医学发展的集大成者。至此，中国古代科学的发展成就达到了巅峰时期，四大发明已先后登上历史舞台。现代西方世界所应用的许多发明都来自中国，中国是一个发明的国度。

知识链接

中国古代天文历法

先秦时期：《春秋》记载，公元前613年，"有星孛入于北斗"，即指哈雷彗星，这是世界上公认的首次关于哈雷彗星的确切记录，比欧洲早六百多年。春秋时期我国历法已形成固定系统，基本上确立19年7闰的原则，比西方早160年。战国时期，世界上最早的天文学著作《甘石星经》亦有丰富的天文记载。

两汉时期：汉武帝时，天文学家制定出中国第一部较完整的历书"太初历"，开始以正月为岁首。西汉关于太阳黑子的记录被世界公认为有关太阳黑子的最早记录。东汉的张衡从日、月、地球所处的不同位置对月食做了最早的科学的解释，其发明制作的地动仪可遥测千里以外地震发生的方向，比欧洲早1 700多年。

隋唐时期：唐朝天文学家僧一行制定的《大衍历》较系统、周密、准确地反映了太阳运行规律，标志着中国古代历法体系的成熟。他还是世界上第一个用科学方法测出地球子午线长度的人。

宋元明时期：北宋科学家沈括把四季、二十四节气和十二个月完全统一起来，形成"十二气历"，更加简便且利于农事安排。元朝天文学家郭守敬提出"历之本在于测验，而测验之器莫先仪表"的正确主张，创制了简仪和高表等多种天文观测仪器，主持了全国范围的天文测量，并主持编定《授时历》，其中测定的数据在当时世界上处于领先地位。

2013年，中国科学院自然科学史研究所成立"中国古代重要科技发明创造"研究组，历经近3年时间，组织百余名专家进行考证和比较研究，最终推选出古代科学发现与创造、技术发明、工程成就共88项，于2016年6月形成《中国古代重要科技发明创造》一书。但是，中华民族的科技创造力至今尚未得到大众的充分了解，例如，最重要的粮食作物——水稻，最重要的豆类作物——大豆，三大饮料作物之一——茶，都是我们祖先最先栽培的。

知识链接

独树一帜的中国古代医学成就

先秦时期：扁鹊是战国时期最著名的医生，后人奉他为"脉学之宗"。他采用望、闻、问、切四诊法从脉象中诊断病情，切脉是扁鹊的主要成就。四诊法成为两千多年来我国中医的传统诊病法。

两汉时期：成书于战国至西汉间的《黄帝内经》是我国现存较早的重要医学文献，奠定了祖国医学的理论基础。东汉时期的《神农本草经》是中国第一部完整的药物学著作。东汉名医华佗发明了一种从植物中提取、适用于外科手术的麻醉药，即麻沸散。被称为"医圣"的东汉名医张仲景著有被后世尊为中医经典的《伤寒杂病论》。

隋唐时期：唐朝医学家孙思邈的《千金方》全面总结了历代和当时的医药学成果，且有许多创新，在我国医药学史上占有重要地位。唐高宗时期编修的《唐本草》是世界上最早由国家颁行的药典。

明清时期：明朝李时珍的《本草纲目》被誉为"东方医药巨典"，记载药物1 800余种，方剂1万余个，全面总结了16世纪以前中国的医药学。

历经曲折的近代中国科技发展

近代中国积贫积弱，科技发展亦乏善可陈。自1840年鸦片战争后，中国更是逐步沦为半殖民地半封建国家，光辉灿烂的中华文明古国就这样淡出了世界科技的舞台。

19世纪中叶，中国一批主张学习西方先进科技的先行者们倡导科学救国、教育救国。

知识链接

1847年，来自广东香山南屏镇的容闳来到美国，3年后考入耶鲁大学。1854年，他以优异的成绩毕业，成为历史上首位毕业于美国大学的中国人。1872年至1875年，清朝政府先后派出四批共120名青少年到美国留学，此后的归国人员为引进西方先进科技发挥了一定作用。

辛亥革命爆发后，孙中山作为民主革命先行者和主张科学救国的先驱，领导并推翻了延续两千多年的封建帝制，中国开始走向共和。但20世纪前叶的中国依旧动荡不安，科技事业发展缓慢。

图4-21　孙中山

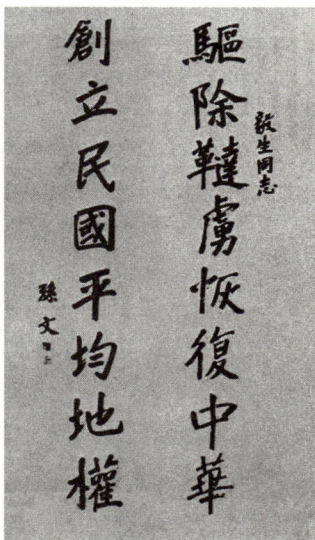

图4-22　十六字政治纲领

矢志铸就辉煌

自中华人民共和国成立，在党和国家几代领导人的关怀下，中国的科技事业开始走上新征程。即便是在内忧外患的形势下也没有停滞不前，特别是改革开放后，中国的科技创新呈现出累积性、爆发性的发展态势，科技创新成果日新月异。

科技事业的新生

1949年10月1日，中华人民共和国成立，这激发了大批海外学子的殷殷报国情。当时全国仅有30多个专门研究机构，科学技术人员不超5万人，中国科技事业亟须在一片"废墟"上重建。

毛泽东同志非常重视发展科学技术，特别是尖端科技。在经济困难时期，在国防尖端技术是"上马"还是"下马"的关键时刻，他一锤定音："要下决心搞尖端技术。"在这个战略思想指导下，我国在发展尖端科技方面取得突出成就，多项重大成果填补了国内空白，培养了大批科技人才，为此后我国的"两弹一星"以及航天事业的发展奠定了坚实的基础。

知识链接

中华人民共和国成立后，正在美国伊利诺伊大学任教的著名数学家华罗庚，毫不犹豫地放弃了国外终身教授职务和优厚的生活待遇，毅然回国。1955年，航空动力学家冯·卡门的得意门生、时为美国加利福尼亚理工学院教授的钱学森，历经险阻，回国效力。到1957年，海外归国学子已经有3 000多人，约占中华人民共和国成立前海外留学生、学者总数的一半以上。他们中的大多数人成为中华人民共和国科技发展的奠基人或开拓者。同时，中国政府大力培养科技人才，建立科研机构。

1956年1月，中国提出了"向科学进军"的口号，这是中国现代科技发展史上的一个重要里程碑，中国科学技术事业开始进入国家计划下的现代发展时期。例如：中国政府制定了第一个科技发展规划——《1956—1967年科学技术发展远景规划》，为中国的原子能、电子学、半导体、自动化、计算技术、航空和火箭技术等新兴科技发展奠基。在此基础上，中国又制定了《1963—1972年科学技术规划纲要》（简称《十年规划》）。

1966年，中国开始了十年浩劫——"文化大革命"，但在党和国家领导人，特别是毛泽东、周恩来等人的亲切关怀下，中国科技工作者仍取得了一系列重要成就。1966年，中国第一颗装有核弹头的地对地导弹飞行爆炸成功；1967年，中国第一颗氢弹空爆成功；1970年，"东方红一号"人造地球卫星发射成功。

改革开放迎来科技创新的春天

1978年3月18—31日，时任国务院副总理的邓小平同志在全国科学大会开幕式上做了极为重要的讲话。他提出，要实现农业、工业、国防和科学技术现代化，关键在于实现科技现代化，并强调科学技术是第一生产力。

1978年12月，中国共产党召开了十一届三中全会。从此，中国进入改革开放新时期，再次迎来科学发展的春天。

1988年，中国政府先后批准建立了53个国家高新技术产业开发区。此后，又先后制定了"星火计划""863计划""火炬计划""攀登计划"等一系列重大项目攻关计划、重点成果推广计划，并建立中国自然科学基金制，形成中国科技工作的大格局。

知识链接

"863计划"

国家高技术研究发展计划（"863计划"）是以政府为主导，以有限的领域为研究目标，是一项国家性的基础研究计划。

1986年3月，面对世界高技术蓬勃发展、国际竞争日趋激烈的严峻挑战，邓小平同志在王大珩、王淦昌、杨嘉墀和陈芳允四位科学家提出的"关于跟踪研究外国战略性高技术发展的建议"和朱光亚的极力倡导下，做出"此事宜速作决断，不可拖延"的重要批示。在充分论证的基础上，党中央、国务院果断决策，于1986年3月启动实施了"高技术研究发展计划（'863计划'）"，旨在提高我国自主创新能力。该计划坚持战略性、前沿性和前瞻性，以前沿技术研究发展为重点，统筹部署高技术的集成应用和产业化示范，充分发挥高技术的先导作用。

科教兴国　面向未来　1995年5月，全国科学技术大会召开，时任中共中央总书记的江泽民同志正式提出"科教兴国"战略。这是继1956年号召"向科学进军"、1978年全国科学大会之后，中国科技事业发展进程中第三个重要的里程碑。

图4-23　"神舟一号"飞船

◎ **探讨交流**

十五大、十六大期间，我国取得了哪些重要的科技创新成果？

人才强国　凝聚力量　2002年，党中央印发《2002—2005年全国人才队伍建设规划纲要》，提出实施人才强国的重大战略，明确指出：抓住机遇，迎接挑战，走人才强国之路，是增强综合国力和国际竞争力，实现中华民族伟大复兴的战略选择。2003年，胡锦涛同志在党中央国务院召开的中华人民共和国成立以来第一次全国人才工作会议上进一步强调，"要把实施人才强国战略作为党和国家一项重大而紧迫的任务抓紧抓好"，"大力提升国家核心竞争力和综合国力，为全面建设小康社会和实现中华民族的伟大复兴提供重要保证"。

2007年10月，在党的十七大上将"人才强国战略"写入大会报告，载入党章。人才强国战略在党和国家战略布局中的地位进一步凸显。

> **知识链接**
>
> 截至2019年，我国现有"两院"院士1 700多人，新世纪"百千万人才工程"自2003年以来遴选了国家级人才6 100余人，享受国务院政府特殊津贴的专家18.2万人，博士后研究人员23万余人，高层次专业技术人才队伍已具规模。"四个一批"人才培养工程、新世纪百千万人才工程、三年五十万新技师培养计划、百万中专生计划、大学生"村官"计划等一系列针对性、实效性强的人才培养集聚计划和项目，不断加大人才培养及吸引的力度。"海归"人才亦成为加快自主创新、缩短我国与世界先进技术差距的重要力量之一，包括诺贝尔物理学奖获得者杨振宁、数学大师林家翘、经济学家钱颖一、"图灵奖"获得者姚期智、生命科学领域科学家施一公等科技创新领军人才。

自主创新　支撑引领　中华人民共和国成立以来，经过几代人的持续奋斗，我国科技事业取得了以"两弹一星"、载人航天、杂交水稻、陆相成油理论与应用、高性能计算机等为标志的一大批重大科技成就，极大地增强了我国的综合国力，提高了我国的国际地位，振奋了民族精神。但还必须认识到，我国同发达国家相比还有较大差距：优秀拔尖人才比较匮乏，关键核心技术自给率低，体制机制还存在不少弊端。虽然我国目前是一个经济大国，但还不是一个经济强国，一个根本原因在于整体创新能力仍然薄弱。

进入21世纪，新科技革命迅猛发展。党中央、国务院从现代化建设全局出发，做出增强自主创新能力、建设创新型国家的战略决策，制定了科技发展的宏伟蓝图，全力推进创新驱动发展。

> **知识链接**
>
> 创新型国家是指将科技创新作为基本战略，大幅提高科技创新能力，形成日益强大竞争优势的国家。创新型国家是以技术创新为经济社会发展核心驱动力的国家。主要表现为：创新投入高，研发投入，即R&D（研究与开发）支出

占GDP的比例一般在2%以上；对外技术依存度低，通常在30%以下；创新产出高，科技进步贡献率达70%以上。是否拥有高效创新体系是区分创新型国家与非创新型国家的主要标志。

◎ 探讨交流

目前，世界上创新型国家有哪几个？你认为应如何建设创新型国家？

中国国务院专门领导小组带领2 000多名来自科技界、教育界、经济界、企业界的专家历时3年制定了国家科技发展蓝图——《国家中长期科学和技术发展规划纲要（2006—2020年）》，明确提出"自主创新，重点跨越，支撑发展，引领未来"的科技工作方针，对我国科技发展做出了全面规划与部署。

知识链接

《国家中长期科学和技术发展规划纲要（2006—2020年）》确立的科技工作的指导方针是自主创新，重点跨越，支撑发展，引领未来。自主创新，就是从增强国家创新能力出发，加强原始创新、集成创新和引进消化吸收再创新；重点跨越，就是坚持有所为、有所不为，选择具有一定基础和优势、关系国计民生和国家安全的关键领域，集中力量、重点突破，实现跨越式发展；支撑发展，就是从现实的紧迫需求出发，着力突破重大关键、共性技术，支撑经济社会的持续协调发展；引领未来，就是着眼长远，超前部署前沿技术和基础研究，创造新的市场需求，培育新兴产业，引领未来经济社会的发展。这一方针是我国半个多世纪科技发展实践经验的概括总结，是面向未来、实现中华民族伟大复兴的重要抉择。

中国梦引领科技创新新时代

历史经验表明，科技革命总是能够深刻改变世界的发展格局。16、17世纪的科学革命标志着人类知识增长的重大转折；18世纪诞生了以蒸汽机为代表的系列重大发明，成就了第一次工业革命，开启了人类社会的现代化历程，人类迈入"蒸汽时代"；19世纪科技突飞猛进，催生了由机械化转向电气化的第二次工业革命，即"电气时代"；20世纪前期，量子论、相对论的诞生催生了第二次科学革命，继而推进了信息科学、生命科学的变革，引发了以航空、电子、核能、航天、计算机、互联网等为里程碑的第三次工业革命，更是开创了"信息时代"。进入21世纪，人类面临空前的全球能源与资源危机、全球生态与环境危机、全球气候变化危机等多重挑战，由此引发了第四次工业革命，即"绿色工业革命"。

◎ 探讨交流

"为什么中国批准发放的工业许可证数量世界第一，但由中国主导制定的国际标准却仅占世界的1%？这一问题必须引起我们认真反思！"在2017年国务院召开的推动制造强国建设、持续推进经济结构转型升级座谈会上，李克强总理之问引发了制造业企业家的强烈共鸣。

"总理之问"反映了什么问题？请举例说明。

党的十八大报告强调指出："科技创新是提高社会生产力和综合国力的战略支撑，必须摆在国家发展全局的核心位置。要坚持走中国特色自主创新道路，实施创新驱动战略，以全球视野谋划和推动创新，提高原始创新、集成创新和引进消化吸收再创新能力，更加注重协同创新。"强调"创新驱动战略"是中央在新的发展阶段分析国内外形势，着眼于立足全局、面向全球、聚焦关键、带动整体做出的重大国家战略抉择。

知识链接

2013年，德国公布《工业4.0战略实施建议书》。所谓"工业4.0"，即"第四次工业革命"，特点是自动化、虚拟化、智能化。德国提出利用传感器和通信技术将制造设备和工厂连接起来，使生产管理、收发订单完全自动化，希望实现全球工厂的虚拟化和生产效率的提高。

2015年，《中国制造2025》上升为国家战略。中国工程院院士柳百成参与起草的《关于制定"中国制造2025"加快建设制造强国的建议》推动了《中国制造2025》的出台。他认为，中国制造大而不强的主要问题之一是缺少核心、关键、共性技术，特别是高端装备所需的关键基础材料、关键基础零部件、先进基础工艺和产业技术基础。这"四基"严重依赖进口，产品质量和可靠性差是制约我国工业由大变强的症结所在，也是制约我国自主创新能力及全球竞争力提升的"瓶颈"所在。

科技是国家强盛之基，创新是民族进步之魂。某种意义上说，科技实力决定着世界力量的对比，也决定着各国各民族的前途命运。习近平总书记指出："当前，全党全国各族人民正在为全面建成小康社会、实现中华民族伟大复兴的中国梦而团结奋斗。我们比以往任何时候都更加需要强大的科技创新力量。""创新是引领发展的第一动力。抓创新就是抓发展，谋创新就是谋未来。适应和引领我国经济发展新常态，关键是要依靠科技创新转换发展动力。"

知识链接

2013年7月17日，习近平主席来到中国科学院考察工作。他强调，科技兴则民族兴，科技强则国家强。要结合实际坚持运用我国科技事业发展经验，积极回应经济社会发展对科技发展提出的新要求。深化科技体制改革，增强科技创新活力，集中力量推进科技创新，真正把创新驱动发展战略落到实处。

科技创新谱新篇　同心共圆中国梦

以习近平同志为核心的党中央确立以创新为首的新发展理念，对科技创新进行战略性、全局性、长远性系统谋划，推出一系列奠基之举、长远之策，开拓了科技事业发展新局面。

科技创新格局发生历史性转变　科技发展水平从以跟踪为主步入跟踪和并跑、领跑并存的历史新阶段，这是近代以来不曾有过的重大改变，我国科技发展站上了全新的历史起点；创新能力从量的积累向质的飞跃，由点的突破向系统能力提升转变，初步形成了发挥先发优势实现引领型发展的新动能；科技创新与经济社会发展的关系从"面向、依靠"到"深度融合、支撑引领"转变，推动我国迈向全球产业价值链的中高端；创新主体由小众化向大众创新创业转变，科技创新与"双创"融合共进；我国在全球科技创新格局中的位势从被动跟随向积极融入、主动布局全球创新网络转变，已经成为具有重要国际影响力的科技大国。

知识链接

我国的科技发展状况

2017年我国已成为全球第二大研发投入国和第二大知识产出国。国际科技论文总量居世界第2位，高被引论文数和国际热点论文数双双攀升至世界第3位。发明专利申请量居世界第一。科技进步贡献率增至56.2%。

重大科技创新成果不断涌现。我国在量子通信、光量子计算机、高温超导、中微子振荡、干细胞、合成生物学、结构生物学、纳米催化、极地研究等领域取得一大批重大原创成果，并首次荣获诺贝尔生理学或医学奖、国际超导大会马蒂亚斯奖、国际量子通信奖等国际权威奖项，在基础研究领域的国际影响力大幅跃升。战略高技术捷报频传，载人航天和探月工程、采用自主研发芯片的超算系统"神威·太湖之光"、国产首架大飞机C919、"蛟龙号"载人深潜器、自主研发的"华龙一号"核能技术、天然气水合物勘察开发和新一代高铁、云计算、人工智能等成就举世瞩目。

科技创新有力地支撑着供给侧结构性改革 科技创新加速突破应用，加速传统动能改造提升，推动新动能不断成长，不断向中高端迈进，对供给侧结构性改革的支撑引领作用显著增强。新技术、新业态、新产业、新模式对经济发展的贡献值日益增加，创新型经济格局逐步形成。

引领支撑产业转型升级。集成电路制造技术、移动通信、第四代核电高温气冷堆、第三代核电"华龙一号"、高铁、新能源汽车、特高压输变电技术、风能和光伏关键部件及设计制造技术等快速发展。农业关键技术取得重大突破，粮食丰产科技工程和渤海粮仓科技示范工程成效显著。

全力打造区域创新高地。区域创新改革试验全面启动，北京、上海加快建设具有全球影响力的科创中心，京津冀协同创新共同体建设深入推进，长江经济带加快转型升级和创新发展，国家自主创新示范区和高新区成为区域创新发展的核心载体和产业转型升级的重要引擎。

大众创新创业蓬勃发展。以科技创新引领大众创业、万众创新，支持科研院所、高校、龙头企业、中小微企业、创客等多方协同，打造专业化众创空间、创新平台。截至2017年底，全国共形成了5 739家众创空间、4 063家高科技企业孵化器。2020年4月16日，中华人民共和国科技部确定498家众创空间为国家备案众创空间。

全面深化科技体制改革　科技体制改革坚持问题导向，以政府职能转变引领体制机制创新。推进科技领域的"放管服"改革，建立统一、公开的国家科技管理平台，强化科技资源统筹配置，建立和完善围绕重大任务推动科技创新的新机制，科技创新治理体系更加完善。

科技成果转移转化体系建设结硕果。表现在：形成从修订法律、制定相关政策到部署具体行动的"三部曲"；各部门和地方跟进出台一批具体落实措施，形成中国特色促进科技成果转化的较为完善的制度体系；创新激励政策体系，在国有科技型企业中推行股权和分红激励政策，对股权激励和技术入股所得实行递延纳税等优惠政策，推动建立中长期分配机制。

军民科技协同创新体系加快建立。制定实施科技创新军民融合专项规划，推动形成全要素、多领域、高效益的科技创新军民融合发展格局。围绕深海、深地、深空、深蓝等领域进行高技术战略布局，部署并推进军民融合重大科技项目和重点专项，军民共用技术项目一体化论证和联合实施机制得到进一步完善。

以提升持续系统创新能力为核心，以高水平创新载体汇聚高端人才　十九大以来，国家创新能力建设加强前瞻布局，强化系统部署，以宏伟的创新事业和高水平的创新载体加速创新要素集聚效应，推动我国科技创新能力实现历史性跨越。

重大科技部署加快推进。国家科技重大专项在战略性领域凝聚和培养了一批建制化科技创新力量，累计申请专利4.2万项，已获专利授权1.1万项，形成技术标准8 400多项；部署启动"科技创新2030重大项目"，依托国家重点研发计划在信息、海洋、空间等领域启动42个重点专项和1 300多个科技项目，实施"非对称"赶超战略，打造局部领先优势，为实现先发优势和引领发展蓄积强大势能。

科技创新人才大军加快形成。依托重大科技任务、科研基地、重大科技基础设施等发挥对创新人才的"虹吸效应"，带动并形成了中华人民共和国成立以来最大规模的留学人才"归国潮"。

坚持以人民为中心 领航科技创新

功崇惟志，业广惟勤。理想指引人生，信念攸关事业成败。实现中华民族伟大复兴的中国梦是全国各族人民的共同理想，也是青年一代应该牢固树立的远大理想。中国特色社会主义是我们党带领人民历经千辛万苦找到的实现中国梦的正确道路，广大青少年要坚定理想信念，大力提升科技素养和创新能力，不忘初心，牢记使命。

人是创新的核心因素。展望未来，我国青年一代必将大有可为，也必将大有作为。这是"长江后浪推前浪"的历史规律，也是"一代更比一代强"的青春责任。习近平总书记指出："在新一轮全球增长面前，唯改革者进，唯创新者强，唯改革创新者胜。"只要我们砥砺前行、奋勇攀登，科技创新一定会迸发出更强劲、更持久的能量，为实现"两个一百年"奋斗目标和实现中华民族伟大复兴的中国梦提供强大的支撑。

知识链接

电影《机器人启示录》将故事背景定在不久的将来，届时人工智能将主宰一切。无处不在的机器人可能出现在家里，可能出现在正在行驶的车里，可能出现在空中，也可能出现在水里。为了完整地拥有整个世界，"团结"在一起的机器人联手对抗创造它们的人类。一个有着纯洁孩子面庞的艾克斯便是对抗人类的机器人的首领之一。高度智能的它掌握了全球网络的控制权，指挥着其他机器人对抗人类。在这关键时刻，处于劣势的人类也史无前例地团结在一起，为了生死存亡而战斗。于是，机器人与人类的战争一触即发。

◎ 由斯皮尔伯格执导的这部人工智能科幻片对科技创新有何启示？

弘扬人文精神 引领科技创新

科技创新与人文精神相辅相成、相互作用，共同的实践基础构成科学与人文相互贯通的契合点。科学研究具有人文向度，正如萨顿所言，"不论科学变得多么抽象，它的起源和发展过程本质上都是同人道有关的。每一项科学成果都是人类德性的证据"。在科技与人文的有机互动中，伴随人类认识与改造自然、认识与改造自我的实践活动不断向前推进，人文精神为科技创新提供价值引领和精神支撑。人文精神把人本身存在的价值和意义作为认识和实践的最高准则，直接关注人的发展目的与意义，包括对人的生命的存在和人的尊严、价值的理解维护与追求，是一种普遍的人类自我关怀。在这个意义上，对于人的自由全面发展这一马克思关于人类社会发展的最高价值理想，科技创新是手段和路径，人文精神是灵魂和愿景。

总之，科技创新是提高社会生产力和综合国力的战略支撑。科技创新离不开人文基础。要妥善应对科技可能带来的负面效应，比如生态环境破坏、食品安全问题、信息安全问题乃至智能化安全隐患等，必须注重科技创新与人文精神的高度融合。任何一项科技创新实践活动如果不能给人类社会带来福音，它就不符合以人为本的人文精神，也与人民至上的价值取向相违背。因此，推动富有人文精神的科技创新，要避免科技"异化"造成人的"物化"乃至"退变"，确保科技创新成果更好地造福国家和人民乃至全人类。唯有如此，这颗闪耀在人类皇冠上的明珠才会真正成为持续推进中华民族实现伟大复兴的核心动力！也唯有如此，科技创新才会真正成为持续推动建设人类命运共同体的一颗光耀宇宙、恩泽人类的璀璨明珠！

参考文献

1. 王辉耀.百年海归创新中国［M］.北京：人民出版社，2014.

2. 曹普.辉煌历程［M］.南昌：江西高校出版社，2009.

3. 赵磊."一带一路"年度报告：智慧对接（2018）［M］.北京：商务印书馆，2018.

4. 张星星.历史转折三部曲［M］.北京：人民出版社，2017.

5. 全国人大财经委与国家发改委.（中华人民共和国国民经济和社会发展第十三个五年规划纲要）解释材料［M］.北京：中国计划出版社，2016.

6. 中宣部.十八大以来新发展新成就［M］.北京：人民出版社，2017.

7. 中共中央国务院关于实施科技规划纲要增强自主创新能力的决定［M］.北京：人民出版社，2006.

8. 国家中长期科学和技术发展规划纲要（2006—2020年）［M］.北京：人民出版社，2006.

9.《国家创新驱动发展战略纲要》.中共中央国务院印发.2016.

10. 中国科学院自然科学史研究所.中国古代重要科技发明创造［M］.北京：中国科学技术出版社，2016.

综合探究 》》

党中央、国务院积极倡导"大众创业、万众创新",在全社会掀起了"双创"热潮。

2017年3月29日,青岛市第十二次党代会上张江汀同志作了《践行新理念、新思想、新战略,为建设宜居幸福创新型国际城市而奋斗》的报告。报告指出,创新就是厚植创新基因,建设创新人才集聚、创新环境良好、创新资源丰厚的创新型城市。建设国家东部沿海重要的创新中心;促进海洋国家实验室跻身世界同类实验室前列,国家高速列车技术创新中心成为全球行业翘楚;建设信息技术、海工装备、虚拟现实、智能制造等支撑产业发展的十大科技创新中心;建设技术转移、创新孵化、科技金融、知识产权等面向社会的十大创新创业服务平台;建设脑科学、量子信息、纳米技术与材料、深空深海探测、氢能与燃料电池、再生医学、无人技术、人工智能、合成生物学、超高速交通等面向未来的十大科技创新中心。

1. 请同学们自选角度并结合青岛地区"双创"发展的实际写一篇调研报告,字数不少于1 500字,以小组为单位协同完成。

2. 组织召开"青岛创新型城市发展高峰论坛"。相关论坛的举办从方案设计、论坛筹备、会议组织及服务的全过程由学生承办。

专题五

一代代有志的中国娃

有一首歌，一直埋藏在我们的记忆里，歌词中的一个个文化符号、一段段情感基因，在中华文化振兴的今天，让每一个中华儿女回味无穷，这首歌便是《中国娃》。

图5-1　千层底布鞋

歌曲《中国娃》（部分）

姓啥从那百家姓里查	……
祖籍在那黄土高坡大槐树底下	最爱说的话呀　永远是中国话
家住东方神州又名叫华夏	字正腔圆落地有声说话最算话
走到天边不改的名　咱叫中国娃	最爱写的字儿是先生教的方块字
最爱喝的水呀　永远是黄河水	横平竖直堂堂正正做人也像它
给咱一身太阳色能把那雪融化	……
最爱吃的菜是那小葱拌豆腐	最爱做的事儿呀　是报答咱妈妈
一青二白清清白白做人也不掺假	走遍天涯心不改　永远爱中华
最爱穿的鞋是妈妈纳的千层底儿	……
站得稳哪走得正踏踏实实闯天下	

每次听完这首歌，我们都会很自然地想到母亲，想到国家，一种恋国、恋家的情怀油然而生。中国话、方块字等祖先传给我们的各种"传家宝"一直让我们感到

骄傲和自豪。在今天，这些"传家宝"也依然是中国人自信地行走在世界上的底蕴和基础。

怀绝艺　厚底蕴

奉为圣贤的孔子

为什么我们是中国娃？一些出国留学的人归国后都说，当身处异国时，才会深刻地感觉到，我们不仅是有黑眼睛、黄皮肤的中国人，更重要的是我们的一言一行都散发着中华文化的气息，尤其是我们的思想。独特的中华文化早已融汇在我们的血液里，成为中华民族的基因。这些文化虽然历经沧桑，但却始终浸润在中华儿女的一言一行中，在日新月异的今天，我们依然能够感受到它的温度。

拓展阅读

孔子的故事

孔子的得意门生颜回上街办事，见一家布店前聚集了许多人。听到一个买布的大叫道："三八等于二十三，你为什么要我二十四个钱呢？"颜回上前道："这位老兄，是你算错了，三八是二十四，别争执了。"买布人不服，冲回说："你是谁啊？只有孔夫子评理才可信，如我不对，可输我的头。你错了呢？"回道："输我头上的冠。"孔子问明情况后，对回道："你错了，把冠送给人家吧！"回就老老实实取下帽子递给买布人，买布人得意地走了。孔子对颜回说："你说冠重要还是人命重要？"回大悟说："老师重大义而轻小是小非，这种顾大局弃小义的裁判，学生不及也！"

◎ 角色扮演

　　请同学分别扮演孔子和孔子的弟子，演绎你喜欢的孔子的故事，并说一说故事给你带来的启发。

图5-2　孔子

名人名片

　　孔子，名丘，字仲尼，鲁国陬邑（今山东曲阜）人。中国著名的教育家、思想家，被列为"世界十大文化名人"之首。孔子是儒家学派创始人，开创了私人讲学的风气，其儒家思想对中国和世界都有深远的影响。《论语》是儒家学派的经典著作之一。

孔子十大经典名言

1. 有朋自远方来，不亦乐乎。

2. 四海之内皆兄弟也。

3. 己所不欲，勿施于人。

4. 己欲立而立人，己欲达而达人。

5. 德不孤，必有邻。

6. 礼之用，和为贵。

7. 三人行，必有我师焉。择其善者而从之，其不善者而改之。

8. 人无远虑，必有近忧。

9. 知者不惑，仁者不忧，勇者不惧。

10. 三军可夺帅也，匹夫不可夺志也。

◎ 探讨交流

你还知道哪些孔子的著作、名言？请与身边的同学交流一下。

　　孔子生活的时代距今已有2 500多年。追随孔子的思想，除阅读有关书籍外，还可以到他的家乡——山东省曲阜市看一看，在祭孔大典活动中，感受圣人的精神与智慧。

拓展阅读

祭孔大典

祭孔大典是山东省曲阜市为祭祀孔子诞辰而举行的大型庙堂乐舞活动，也可称"丁祭乐舞"或"大成乐舞"，是集礼、乐、歌、舞为一体的综合性艺术表演活动，于每年阴历八月二十七日举行。祭孔大典活动一般从每年9月26日持续到10月10日。自2004年曲阜公祭孔子以来，至2020年已是第17次祭祀孔子。

2006年5月20日，经国务院批准，祭孔大典被列入第一批国家级非物质文化遗产名录。

图5-3　祭孔大典仪式

图5-4　祭孔大典歌舞活动

知识链接

曲阜旅行小贴士

游览曲阜三孔，四季皆宜，但每年的3月至11月游曲阜更佳。每逢此时，曲阜游人接踵而至。每年的6月至9月，泗水县的桃花、微山湖的十万亩荷花竞相绽放，这期间游曲阜，既可游览孔府、孔庙、孔林等多处文化古迹，又可欣赏桃花、荷花的美艳多姿。冬季到孔府过年的游客也络绎不绝。敲暮鼓晨钟、赏乐舞表演、品民俗大餐，是冬季里游览曲阜的不错选择。

孔子的思想绵延至今，渗透在中华民族的灵魂和血液里，不断滋润着我们的心田，成为激励我们焕发生机与活力的精神动力。

内外兼修的国术

武术既可以强身健体、修身养性，还可以涵养仁义阳刚、堂正为人、扶危济困、自信乐观的性格。中华武术流传至今，形成和保留了很多拳法，如武当拳、太极拳、螳螂拳、峨眉拳、少林拳、八卦掌、洪拳、南拳、咏春拳、迷踪拳、蔡李佛拳、通臂拳、地躺拳等。

◎ 探讨交流

你还能举出哪些具有代表性的中国功夫？可以试着表演一下。

歌曲《中国功夫》（部分）

卧似一张弓

站似一棵松

不动不摇坐如钟

走路一阵风

南拳和北腿

少林武当功

太极八卦连环掌

中华有神功

知识链接

电影《少林寺》

30多年前，中国有一部电影创造了万人空巷的神话，那就是1983年上映的《少林寺》。当时的票价只有1毛钱，但创下了1.6亿的票房纪录。在香港上映后，也创造了1 616万港币的纪录，《少林寺》在香港成了叫座又叫好的电影。

《少林寺》无疑是中国功夫电影史上的开山之作，李连杰和他的武术队员们，用真实、朴素的表演，展示了真正的中国功夫。李连杰的一招一式皆有法度，于海的螳螂拳形神兼备，于承惠的醉剑出神入化，胡坚强的地躺拳腾落舒展。

电影《少林寺》在全世界掀起了一股武术热。此后，许多外国人纷至沓来，到武术圣地——少林寺瞻仰和学习，少林寺俨然成为许多外国来访者的必到之地。

图5-5 电影《少林寺》宣传照

◎ 探讨交流

你看过的功夫片有哪些？每部影片中分别展现了怎样的中华武术功夫？

中国功夫不为战争，只为和平，它是一种学识，一种制止侵袭的自保技术。中国武术既讲究形体规范，又追求精神传意。内外合一的整体观，是中国武术的一大特色。内，指心、神、意等心智活动和气的运行；外，即手、眼、身、步等形体活动。内与外、形与神是相互联系的统一整体。

武术在促进人们强身健体的同时，还促进了中医的发展。武术修炼有助于检验、实证中医理论，修正、提升中医理论，加深中医对人体的认知，特别是武术伤科，对促进中医骨科的发展起到了至关重要的作用。

拓展阅读

太极拳

2006年，太极拳被列入中国首批国家非物质文化遗产名录。

太极拳是我国特有的健身武术之一，其特点是松、静、柔、深。它内外兼修，动静结合。

松是放松。自然站立，舒适自然，肌肉和精神都放松。由于全身放松，血管也随之放松，促使血压下降，增强血管弹性，加强心肌营养，有利于预防心血管疾病。练拳时动作轻柔圆活，不用紧张用力。

静是安静、沉静。全神贯注，摒除杂念，对于调节神经系统、大脑皮层的功能具有独特的作用。

柔是动作柔和、不急不躁。可使全身各部位器官有机配合，能提高神经系统的调节功能，增进各器官之间的协调配合，从而促进新陈代谢，增强人体各方面的机能，提高身体对外界的适应能力和抗病能力。

深是呼吸均匀、深长，沉静稳定。对增强呼吸系统功能和肺结核患者的康复有很好的作用。

太极拳作为一种健身运动，老幼皆宜，对身体有许多好处。

天人合一的中医

古代的名中医常有一定的武术功底，需要修炼功夫。中医诊病的方法是"望、闻、问、切"，其中的"切"通常说的是诊脉、号脉。由于脉象差别十分细微，大夫要切准脉，就要有很强的感知能力，因此要修炼武功。再者，中医需要通过练武来培养体力，尤其是针灸、骨科、按摩的大夫，像清末武术家黄飞鸿一样，很多武学大师同时也是著名的中医。

中医作为一门独立的学科，有自己的起源和发展史。古代文献《内经》和《山海经》中均记载了使用"石鑱"刺破痈肿的内容，《孟子》中也有"七年之病，求三年之艾"的记载。

根据我国各地出土的历史文物来考证，"针灸疗法"的起源在石器时代。当时，人们患上某些病痛或不适的时候，会有意无意地用手捶拍、按摩，甚至用尖锐的石器按压疼痛不适的部位，使原有的症状缓解或消失，因此针具砭石应之而生。随着人类聪明才智的发展和生产力水平的提高，针具逐渐发展成青铜针、铁针、金针、银针和今天普遍使用的不锈钢针。

相传，中医针灸的发明人是华夏文明的始祖伏羲。伏羲氏不仅绘八卦，结绳为网，授民田猎，而且"尝百药而制九针"（东汉皇甫谧记载于《帝王世纪》）、

"尝草制砭"（南宋罗泌记载于《路史》）。中华民族最早的针灸是砭石，简言之"砭"。灸法的起源与火的发现和使用密不可分。当身体遇到某种不适时，用火烘烤可得减轻，进而用各种树枝作为施灸工具，逐渐演变发展到艾灸。

拓展阅读

名医风采

图5-6 华佗

> **名人名片**
>
> 华佗（约公元2世纪末—3世纪初），字元化，沛国谯（今安徽省亳州市）人。他专志于医药学和养生保健术。

三国时期的曹操常犯头风病，闻华佗医术精湛，于是召见华佗为其诊病，经华佗针刺治疗后缓解。后因公务繁忙，曹操的头风病日益严重，于是曹操有意让华佗做自己的私人医生，华佗不允，找借口说妻子生病，请假不回。曹操很生气，差人到华佗家里去调查。曹操对派去的人说，若如华佗所说，可送小豆四十斛；不然，则把他抓来治罪。

华佗被捕后，曹操仍请他治病。华佗对曹操说，短期内，他的病很难彻底治好，长期维持也只能苟延岁月。如要治好不再犯，则需麻痹脑部，砍开脑袋取出风涎，才能去根。曹操以为华佗借口杀他，于是将华佗投入狱中。

入狱后，华佗深知曹操不会放过他，于是整理出三卷医学著作《青囊经》，希望把自己的医术流传下去。整理好后，华佗把著作交给牢头，牢头不敢接受。失望中，华佗把著作投入火盆。华佗没有留下著作，是我国医学史上的一大憾事。

后人在敬重神医华佗、感谢他为人类医学做出贡献的同时，也不免有些遗憾，而药王孙思邈的经历就大不相同了。

图5-7　孙思邈

　　唐贞观年间，李世民的长孙皇后怀孕十多个月不能分娩，且患重病。虽经太医医治，但病情一直不见好转。后经大臣推荐，太宗请来了孙思邈，孙思邈诊脉后认为其为胎位不顺，故而导致难产，致身患重病。于是，宫女将皇后左手扶近竹帘，孙思邈看准穴位猛扎了一针，皇后疼痛，浑身一颤抖。少顷，只听得婴儿呱呱啼哭坠地。太宗大喜道："先生果真医理精湛，不愧为当代名医！"遂留孙思邈在朝为官，但孙思邈婉拒，其立志为广大民众舍药治病，后撰写《千金方》济世救人。

　　唐代的王勃这样描写知音："海内存知己，天涯若比邻。"我们还常说"士为知己者死"。孙思邈先生技艺高超、医德高尚，又能遇到懂他的明君，实属幸事。

◎ 探讨交流
　　你还知道哪些中医疗法的起源？这些中医疗法的产生过程说明了什么？生病后你会看中医吗？

韵味悠长的汉字

　　汉字，作为中华文化的标志、中华文明的载体，使中华民族的思想、文学、艺术、技术等得以传承，是中华文化源远流长的见证之一。

　　汉字，又称中文字、中国字、方块字，属于表意文字的词素音节文字。汉字是汉语的书写符号，也被借用于书写日语、朝鲜语、越南语等语言，是汉字文化圈广泛使用的一种文字，也是目前世界上唯一仍被广泛使用的高度发展的语素文字。

　　汉字的发展经过了甲骨文、金文、大篆、小篆、隶书、草书、楷书、行书等书体演变。正楷作为标准写法的汉字，是今日普遍使用的现代汉字。

知识链接

说文解字——男

　　你知道"男"字的由来吗？

　　"男"字在甲骨文中由"田"和"力"两部分构成，而"力"的甲骨文字写作，像一种最原始的耕地农具之形。这说明，在造"男"字的时候，中国已经进入农业社会。

　　汉字形神兼备。透过汉字的演变过程，我们既可以感受到中华儿女在生产、生活中的勤劳与伟大，还可以厘清中华文化的发展脉络。挖掘汉字的丰富内涵，可以领略一个个词语、成语、典故记录的历史、文化、思想、智慧，还可以感受到中华民族人与人之间的情感、愿望与憧憬。

拓展阅读

"知音"的故事

　　俞瑞，字伯牙，战国时期的音乐家，从小就酷爱音乐。很多人赞美其琴艺，但他却因没有遇到真正能听懂他琴声的人而感到遗憾。

　　有一年，俞伯牙奉晋王之命出使楚国。八月十五乘船来到汉阳江口，遇风浪，停泊在一座小山下。晚上，风浪平息，云开月出，景色迷人，俞伯牙琴兴大发，拿出琴，专心致志地弹了起来。沉醉之时，忽见一人站在岸边，一动不动。俞伯牙手下用力，"啪"的一声，琴弦被拨断了一根。俞伯牙不解，就听对方说："先生，您不要疑心，我是打柴的，在此听到您美妙绝伦的琴声，不由得停下脚步听了起来。"

　　俞伯牙心想：樵夫怎会懂我的琴声呢？于是问："你既然懂得琴声，那你说我弹的是什么曲子？"

　　打柴人答道："先生，您刚才弹的是孔子赞叹颜回。只可惜，弹到第四句时，琴弦断了。"

俞伯牙不禁大喜，忙请他上船。接着俞伯牙又弹了几曲，请他辨识其中之意。当他弹奏到雄壮高亢音节的时候，打柴人说："这琴声，表达了高山的雄伟气势。"当琴声变得清新流畅时，打柴人说："这后弹的琴声，表达的是无尽的流水。"

俞伯牙惊喜万分，樵夫竟能听懂自己的琴意。打柴人名叫钟子期，二人甚是投机，结为兄弟，相约明年中秋再到这里相会。

翌年，俞伯牙如期而至，却不见钟子期。打听后得知，钟子期不幸染病已去世了。钟子期留下遗言，要把坟墓修在江边，到八月十五相会时，好听俞伯牙的琴声。

俞伯牙万分悲痛，在钟子期坟前，凄楚地弹起了古曲《高山流水》。弹罢，挑断琴弦，把心爱的瑶琴在青石上摔了个粉碎，他悲伤地说："我唯一的知音已不在人世了，这琴还弹给谁听呢？"

两位"知音"的友谊感动了后人，人们在他们相遇的地方，筑起了一座古琴台。直至今日，人们还常用"知音"来形容朋友之间的情谊。后人有诗赞美曰："摔碎瑶琴凤尾寒，子期不在与谁弹？春风满面皆朋友，欲觅知音难上难。"没想到"知音"一词还有这么深刻的内涵，中国的汉字真是内涵丰富、博大精深。

透过一个个方块字，我们可以窥探孔子思想的深邃，可以体会中华功夫的刚劲有力，可以品味中药的五味、学习经络的运行，可以为俞伯牙和钟子期的"知音"之情感动落泪，这些共鸣都源自于我们对中华文化的认同。中华文化熏陶下的中国娃、中华民族创造的中华文化，必然能为全球治理体系的完善和治理能力的提升贡献独特的力量和智慧。

全球化形势下，文化交流碰撞日益频繁。当汉字遇见键盘，当孔子遇见互联网，当中医遇见西医，中华儿女还能"乡音无改"吗？如何让世界倾听中国的声音，如何进一步发挥中华文化在世界发展中的重要作用，是当前我们面临的时代课题。

念中华 闯世界

周游世界，展现魅力

两千多年前，孔子为了宣传自己的思想，四处奔走，周游列国。今天，随着孔子学院的兴起，"孔子"再次开启"周游列国"的旅程。不同的是，此番周游列国已不再是辗转于几个小诸侯国，而是作为文化传播大使，走向了世界，掀起世界范围内的汉语热、中华文化热。

400多年前，《论语》被意大利传教士译成拉丁文，传播到了西方。如今，世界五大洲的国家纷纷建立了孔子学院。孔子学院的建立恰恰体现了孔子的"和而不同""君子以文会友，以友辅仁""四海之内皆兄弟""和为贵"等思想，成为中国文化与世界各国文化交流与融合的有效载体，促进了各国人民对中华文化的了解。

截至2019年12月，世界已有162个国家（地区）建立了550所孔子学院和1 172个中小学孔子课堂。其中，"一带一路"沿线有53个国家设立了140所孔子学院和136个孔子课堂，欧盟28个国家、中东欧16个国家实现了全覆盖。

拓展阅读

三尺讲台 万里情谊

2004年，全球首家孔子学院在韩国首尔正式设立。孔子学院是中外合作建立的非营利性教育机构，致力于适应世界各国（地区）人民对汉语学习的需要，增进世界各国（地区）人民对中国语言文化的了解，加强中国与世界各国教育文化交流合作，发展中国与外国的友好关系，发展儒家文化，促进世界多元文化发展，构建和谐世界。晓宇作为一名美国孔子学院汉语教师志愿者，除日常汉语教学外，还肩负着文化传播的重任。太极拳、毛笔字、中医药、茶艺、儒家思想……都难不倒她。2019年9月23日，她与孔子学院金发碧眼的学生们一起庆祝"孔子学院日"，剪窗花、编中国结、挂灯笼、打太极拳、写毛笔字，探讨中国茶艺，品尝中国各色糕点，吟诵中国诗词。中国文化的独特魅力深深吸引了当地的美国人，也让他们更加深入地了解了中国。

图5-8　孔子学院学生感受中国文化

◎ 探讨交流

　　你知道孔子学院吗？如果你是孔子学院的志愿者，你将以怎样的方式传播中华文化？

　　承载着中华五千年传统文化的孔子学院成立十多年来，在世界各地搭建起新平台，将中国的传统思想、汉字、中国功夫、中医药等中华优秀传统文化传播到了全世界，让世界更加了解中国，也推动了中外文化交流互鉴，为人类文明进步贡献了绚丽的中华元素。

文化碰撞　包容互鉴

　　中医思维与西医疗法有着明显的不同，天人合一的中医药学，坚持整体观与辨证施治，它不仅是医学，更是中国古代哲学智慧的体现。它强调身心的动态平衡，坚持因时、因地、因人而治的辩证治疗理论，用"精气神"高度概括了人体的生命理念。

拓展阅读

电影赏析——《刮痧》

　　《刮痧》是反映中西方文化差异的最成功的电影之一。电影讲述的是北京夫妇许大同和简宁及儿子丹尼斯在美国追梦的生活状况。原本平静幸福的生活因一件小事被打破：丹尼斯闹肚子，爷爷因看不懂英文说明书，便采用了中国传统的中医治疗方法——刮痧。之后在一次治疗中丹尼斯受伤了，被送到医院，医生看见丹尼斯背后的伤痕，认为丹尼斯长期受到家人虐待，随之告知儿童福利局对丹尼斯进行监护，最后在深入了解了刮痧这一中国传统中医疗法后，才解除了因中西方文化差异所造成的误会。

◎ 探讨交流

不同的文化产生差异的原因是什么？我们应该怎样对待这种差异？

不同的国家有不同的文化，每个国家都有自己的价值观。在教育观念、家庭观念、婚姻观念、法律观念以及友情观念等各个方面，中西方都存在着或多或少的文化差异，这种差异会引发文化或行为上的碰撞，甚至产生冲突。只有平等交流、包容互鉴，不同的文化才能在和睦的关系中相处。在各民族文化交流的过程中我们应坚定文化自信，主动宣传、介绍我们的优秀文化，讲好中国故事，增进世界人民对中国优秀传统文化的理解。

拓展阅读

中医在美国日渐流行

20世纪初，西方医疗技术快速发展。西医认为，西医疗法是治疗疾病最科学的方法，认为其是经过实验验证得出的结论，几乎适合全部的同类病人，每一项都有据可查，每一项指标都可量化。

不了解中医的西方人认为中医不可靠，中医和中药没有实验数据证明自己的疗效。

20世纪70年代开始，中医以较好的疗效逐渐被更多的美国人接受。美国真人秀明星金·卡戴珊就是针灸的忠实粉丝。游泳名将菲尔普斯身上也常带着拔火罐的印迹，美联社甚至刊文称"菲尔普斯为中国拔罐代言"。后来很多州还通过立法来承认中医。

2018年10月24日，美国白宫官网发布了一份公告称，特朗普签署了一项名为H.R.6的法案，意在寻找一种缓解病人疼痛的替代性药物和治疗方法，该法案将中国的针灸和按摩疗法列为替代性疗法，也成为美国联邦保险支付的疼痛替代疗法之一。

在中华文化对外传播的过程中，我们要把民族文化与世界人民的生产生活相结合，更好地为生产生活服务，只有这样我们的民族文化才能够"走出去"，才能"走进去"。同时我们也看到，随着我国综合实力日益强盛，国际声誉逐渐提高，我国的民族文化也日渐被世界其他国家接受，中医思维逐渐成为民间、官方的治病、处事之道，相信中医必将为人类的发展做出更大的贡献。

随着中医药事业的发展，在中国医学工作者的共同努力下，凝聚了中华文明精粹的中医药在世界前沿科技的最高殿堂里，一定会焕发出强劲的现代生命力。

拓展阅读

屠呦呦获得诺贝尔医学奖

由寄生虫引发的疟疾作为一个全球性问题折磨了人类数千年之久。屠呦呦团队的研究成果，对治疗这个世界上最可怕的寄生虫病而言，是一种彻底的革新。

诺贝尔奖委员会委员汉斯·弗斯伯格在颁奖词中高度评价屠呦呦，他说："20世纪60至70年代，屠呦呦在中国参

图5-9　屠呦呦获得诺贝尔医学奖

与了抗疟新药的研发工作。她从1 700年前的医学古籍中获取灵感，成功地提取出了青蒿素。青蒿素的成功提取促进了抗疟新药的研发，挽救了成千上万人的生命。在过去的15年间，这一药物使疟疾的死亡率下降了一半。"

屠呦呦入围BBC"20世纪最伟大的科学家"评选活动

2019年1月14日，英国广播公司（BBC）新闻网新版块——"偶像（ICON）"栏目发起"20世纪最具标志性人物"评选活动。在公布的名单中，中国诺贝尔生理学或医学奖获奖者屠呦呦，在候选人名单中位列第28位。与物理学家居里夫人（Maria Curie）、物理学家爱因斯坦（Albert Einstein），以及数学家艾伦·图灵（Alan Turing）共同进入榜单。

屠呦呦研制的药物挽救了数百万人的生命，包括全世界最贫困地区的数百万儿童。她持之以恒的研究精神、敢于以身试药的胆量、普世救人的情怀，彰显了中国人的责任与担当。

中医药被认为是"最具有代表性的中国元素"，是中国古代科学的瑰宝。中医药文化是中国的，更是世界的，它必将为人类医学的发展贡献更大的智慧和力量。

办文化年 享文化宴

近些年，中国官方积极组织开展文化活动，重视文化交流，创造机会，主动向世界讲好中国故事，让更多国家的民众接受中国文化的熏陶，更深入地了解中国。

拓展阅读

中法文化交流年

"中法文化之春"艺术节是中国与法国之间经常举办的一项文化交流活动。"中法文化之春"艺术节创立于2006年，源自中法文化年，是目前中国规模最大的外国文化节，也是法国境外规模最大的法国文化节。至2019年，已成功举办了14届。

"中法文化之春"艺术节涵盖古典及现代音乐、当代音乐、视觉艺术、话剧、新媒体、电影、舞蹈、图书等众多领域。活动的目的是通过视觉艺术和舞台艺术等多种表现形式全面推进中法文化的交流与互动。

中法文化交流年不仅为文化交流搭建了新平台，而且促进了双方更加全面的相互了解。各种展览活动，尤其是有关中国现代化建设成就的展示，向法国民众打开了客观公正地了解今日中国的"窗口"；琳琅满目的法国艺术作品，也使得中国人对法国的认识更加全面。

互办文化交流年，使两国的文化交流达到了前所未有的高度、广度，有利于促进两国人民相互了解，也使两国文化相互融合和发展的机遇随之增多，并为世界文化的繁荣发展打下坚实的基础。通过"文化年"活动，越来越多的人开始正确认识中国文化和中国，甚至热爱中国文化，中国文化也在交流中不断汲取世界优秀文化的营养，并得到进一步丰富和发展。

文化使者　文化自觉

习近平主席在2013年访问俄罗斯会见俄汉学家、学习汉语的学生和媒体代表时说："文化就像一个绵延不断的河流，源头来自远古，又由许多支流、干流汇合而成。文化交流是民心工程、未来工程，潜移默化、润物无声。"从孔子到屠呦呦，从官方到民间，中华文化的对外传播都是顺其自然的，是交流、是互鉴，对人类发展做出了贡献。

在文化传播中，电影作为最直观和立体的大众传媒，起着至关重要的作用。当前，中国的文化市场日渐繁荣，文艺工作者们深谙优秀传统文化精髓，紧扣时代脉搏，创作出了许多叫座又叫好的作品，并走进了世界市场。

拓展阅读

李小龙传奇

孔子在西方人眼里，已经成为中国传统思想和智慧的标志，而西方人眼中另一个"中国符号"——李小龙，也是中国的传奇。

在华人眼中，李小龙是电影明星，也是民族英雄；在西方世界，他代表着中国功夫，也是某种程度上的"超级英雄"。

1961年，考进华盛顿大学的李小龙，主修戏剧，同

图5-10　李小龙

时选修了哲学。大学时代，他阅读了大量西方哲学书籍，从苏格拉底、柏拉图、阿奎那、笛卡儿，到尼采、萨特……他将自己对哲学精神的理解融入到中国武术中。同时，他还爱好文学，喜欢写诗，时常把一些中国古诗翻译成英文。他用自己的实际行动，搭建起一座东西方文化的交流之桥。

李小龙的人生虽然短暂，但在人们心中他永远都是一段传奇，他的作品、思想和精神依然影响深远。

◎ 探讨交流

了解李小龙的生平事迹，举例说明他为传播中华文化作出了哪些贡献。

中国"大片"走向世界

电影《长城》是美国环球影业和传奇影业两大公司第一次邀请中国导演执导的好莱坞大制作影片。这也是好莱坞第一次百分之百以中国文化为背景讲述中国故事的影片。

导演张艺谋在采访中表示，拍摄《长城》这部电影，希望能够在讲述中国故事时，融入更多的中国文化元素，让世界上更多的电影观众通过《长城》了解中国。好莱

图5-11 电影《长城》宣传照

坞大片一般会吸引上亿观众观看，观众基本都是年轻人。这种更广泛、更普及的渠道，能更好地、寓教于乐地融入中国文化，传播中国人的价值观以及传统文化。张艺谋希望通过《长城》让更多的海外观众见识长城的雄伟，了解火药这一中国四大发明，感受悠久灿烂的中华历史文化。

2017年夏天，《战狼2》被引进德国。影片在中国创造的票房奇迹和所弘扬的爱国主义情怀，吸引了当地的华人，同时也感染了很多德国人。《战狼2》除了场面精彩，更重要的是它把握住了时代的脉搏，符合人们希望祖国强大的情感共鸣。无论哪个国家、哪个民族的人，都有爱国的共同情感，这是人类共同的情怀，也正因如此，《战狼2》不但做到了"走出去"，更做到了"走进去"，成为我国电影市场、文化市场发展中的典范。

◎ 探讨交流

　　你还看过哪些成功地走进世界市场的中国电影？分析一下成功的原因。

　　从过去到现在，从官方到民间，中华文化正以其特有的包容性，在不断吸收着世界优秀文化的营养。也在继承发展中与世界文化交流互动，散发着自身独特的魅力。

己欲达　而达人

中华文化　两岸同根

　　台湾自古以来就是中国的一部分，"同属一个中国"是两岸人民共同的价值认同，和平统一是两岸人民的共同愿望。台湾文化的根在大陆，两岸文化同根同源，同属中华文化。中华文化在台湾一直处于主流文化地位，台湾民众对传承中华文化非常重视，共同拥有的中华文化是两岸和平统一的文化基础。

知识链接

台湾的中华文化

　　如果问你对台湾印象最深的是什么，大部分人都会回答："台湾很好地保留了中华传统文化，台湾文化很传统"。原因不仅仅是台湾的邀请函全篇行文"文言气息很浓"，还因为在台湾就能吃遍中国地道的八大菜系。来到高雄，你会发现从一心路到十全路，路名全部来自中华文化经典典故。

图5-12　台湾圆山饭店内部装饰

◎ 探讨交流

　　你去过宝岛台湾吗？在继承和发展中华文化中，台湾有哪些具体的做法？

拓展阅读

台湾的祭孔活动

　　2014年，台湾纪念孔子诞辰2 564周年释奠典礼上，马英九亲临上香。他在致辞中表示：今天我们纪念孔子，除了怀念他对民族文化的贡献，更重要的是发扬他的教育理念。"有教无类，因材施教"这个几千年来的教育传统，让中华文化绵延不绝。

　　有人问21世纪了为何还要祭孔？为什么要尊崇儒学？马英九分享了一个例子：1991年，联合国通过决议，禁止在北太平洋用流刺网捕鱼，因为这种捕鱼方式将使鱼源枯竭。他很感动，因为在《孟子·梁惠王》篇里就提到："数罟不入洿池，鱼鳖不可胜食也；斧斤以时入山林，材木不可胜用也。"古人的智慧非常值得学习。

　　传统文化是维系民族生存和发展的精神纽带。台湾和大陆共同拥有的中华文化是维系两岸人民共同发展的精神根基。祖国和平统一，一直都是中华儿女热切盼望的大事。由此看来，对于中华优秀传统文化的继承、传播、创新显得尤为重要。

中华文化　民族之魂

　　构成民族的特征有6个，分别是共同的文化、共同的风俗习惯、共同的心理认同、共同的语言、共同的生产方式和共同的历史渊源。在全球化深入发展的今天，越来越多的中国人旅居海外。但追本溯源，这些海外华人也是中华民族的一部分。他们的思想里、血液里能否保持中华文化的基因，是判断他们是否是中华民族的重要标志。

拓展阅读

华侨身上的"纽带"

　　"行之愈远，乡情愈浓"，这是老一代华侨的写照，但自幼跟随父母出国或出生在海外的新生代，母国文化长年累月经受异质文化冲刷，所剩无几，对于中华文化的认知就明显淡薄了不少。有的华裔子弟继承了优秀的中华文脉并受益终生；有的连汉语都不会说，更别提传承中华文化了。

庆祝民族节日，是民族文化和民族情感的集中展示。传统节日来临之际，老一代华侨们很早就张罗各种喜庆活动，而新生代却相对淡漠，对春节的贴春联、年夜饭的寓意，对清明祭祖、端午吃粽、重阳登高等文化习俗，一问三不知。由此可见，对新生代华侨进行中华民族优秀传统文化教育传承任重道远。

中华文化　中国智慧

文化兴则国运兴。在实现中华民族伟大复兴的征程中，再创中华文化新的辉煌是必然选择，这就需要一代代中国人要以恰当的方式向世界传播优秀的中华文化、讲好中国故事、展示中国风采。与此同时，世界也需要中国。当今世界正处于深刻变革的时代，人类面对着许多共同的挑战，中国始终没有忘记自己的责任与担当，始终在世界的和平与安全、合作与发展中发挥着建设性作用，输送着中国智慧，贡献着中国力量。

作为中华文化名片的孔子，是西方人眼中最熟悉的中国人。随着孔子思想在世界的传播，世人越来越重视孔子思想的现世意义。1988年2月，75位诺贝尔奖得主齐聚巴黎开会，会后发表了一个宣言，最后一句话写道："如果人类要在21世纪继续生存下去，那就必须回到两千五百年前的孔子那里去汲取智慧。"2016年10月28日，美国众议院通过决议，纪念孔子诞辰2 560周年，认可他为世界哲学和社会政治思想做出的巨大贡献，称孔子的理念体现了"最高境界的道德品质"和"促进人类和谐的思想"，这无疑是对孔子思想中普世或普世价值的认可。

习近平倡导的"共商共建共享"和"构建人类命运共同体"的全球治理理念，为全球发展指明了一条合作共赢的道路。正是继承了中华文化的思想智慧，对于构建新型国际关系和建设国际政治经济新秩序有着思想奠基的作用，得到了国际社会的广泛赞誉。

2017年11月2日，第72届联合国大会负责裁军和国际安全事务的第一委员会会议首次将"构建人类命运共同体"的理念写入了联合国大会的安全决议，填补了联合国国际安全领域决议的空白。这既体现了世界人民对中华文化和中国智慧的认可，更提升了中国的国际影响力。

拓展阅读

全球治理中的中国声音

"世界那么大，问题那么多，国际社会期待听到中国声音、看到中国方案，中国不能缺席"。著名汉学家李约瑟曾推测："早在公元2世纪，关于儒家的一些传说似乎已传入欧洲。"1985年美国出版的《人民年鉴手册》中，中国古代著名思想家孔子被推举为十大思想家之首。我们发现，《论语》中的"己所不欲，勿施于人"这一论断，不仅出现在了法国近代的《人权和公民权宣言》中，也出现在了第二次世界大战后联合国发布的《世界人权宣言》中。

和谐共存是中国人的世界观中最基本的关键词。从"亚洲命运共同体"到"人类命运共同体"，坚持和衷共济、合作共赢理念的中国，早已在全球各种重大场合中占据重要地位，发挥重要作用。诸如"仁者爱人""民惟邦本""和而不同""出入相友，守望相助"等中国人自古以来的处世之道，都为完善当前全球治理注入了新内涵，提供了新思路。可以说，有中国与没有中国，世界的风景完全不一样。

当前，中国人不仅要有继承、传播、创新祖国优秀传统文化的使命感，增强文化自觉、文化自信，还要有发挥好优秀传统文化促进民族团结和祖国统一的使命，更要有开放包容、促进世界繁荣发展的胸怀。积极开展对外文化交流传播，让更多的世界人民了解中国文化，喜欢中国文化，增强中华文化在世界上的影响力。

我们相信，独树一帜的中华文化必将指引我们实现伟大复兴的中国梦，我们每个人也一定会更加自信地亮出"中国娃"的名片！

参考文献

1.杨伯峻.论语译注［M］.北京：中华书局，2004.

2.陈墨.刀光侠影蒙太奇——中国武侠电影论［M］.北京：中国电影出版社，1996.

3.李承祥.太极拳习练精要［J］.健身科学，2003，（11）：32-33.

4.石学敏.针灸学：第2版［M］.北京：中国中医药出版社，2007.

5.李运富.汉字构形原理与中小学汉字教学［M］.吉林：长春出版社，2001.

6. 张中秋. 中西法律文化比较研究［M］. 南京：南京大学出版社，1991.

7. 何琛，刘蓓，郭树强. 从电影《刮痧》看中西方文化的碰撞和调和［J］. 电影文学，2008，（17）：75-76.

8. 丁忠毅，魏星. 孔子学院：中国国家软实力建设的有效平台［J］. 理论与改革，2011，（5）：122-125.

9. 张岂之. 中华文化的底气［M］. 北京：中华书局，2017.

10. 陈先达. 文化自信：做理想信念坚定的中国人［M］. 长春：吉林人民出版社，2017.

综合探究 》》

聚焦文化自觉和文化自信

纵观人类文明史，中华文明是世界上古老文明中唯一传承至今的文明。中华文明之所以能够绵延至今，就在于中华文化特有的包容性，包容性使得中华文明焕发出强大的生命力。中华文化积淀着中华民族最深沉的精神追求，代表着中华民族独特的精神标识，是世界文化百花园中不可或缺、绚丽多彩的一簇，对促进人类文明的发展发挥着极为重要的作用。中国功夫、中医、汉字等优秀传统文化滋养培育了一代代中国人，其中蕴含的"自强不息""天人合一""见贤思齐"等信念和情怀，在今天仍然散发着独特的魅力，发挥着重要作用。习近平总书记指出："没有高度的文化自信，没有文化的繁荣兴盛，就没有中华民族伟大复兴。"中国共产党带领中国人民在革命、建设、改革的伟大实践中，自觉肩负起传承发展中华优秀传统文化的重任，发展中国特色社会主义文化。在实现中华文化伟大复兴的道路上取得了一系列辉煌的成就，提高我国文化软实力的同时，也为建设社会主义文化强国做出了卓越贡献，进一步增强了中国人的文化自信！

《中国诗词大会》唤醒国人内心深处的文化自信

秉承"赏中华诗词，寻文化基因，品生活之美"的宗旨，《中国诗词大会》以传承中华优秀文化为己任。节目所选的诗词涵盖《诗经》、楚辞、汉魏六朝诗、唐宋诗词、明清诗词、毛泽东诗词等，时间跨度达数千年，堪称一部中国文学简史。

　　文学艺术，对于反映人们的精神生活、展示人们的精神世界有独特的作用。中国诗歌史是中华文明在语言文字上浓缩的精华，更是对中国人精神生活的展示。从"关关雎鸠，在河之洲"的纯真质朴，到"路漫漫其修远兮"的上下求索；从"东临碣石，以观沧海"的雄心壮志，到"心远地自偏"的隐士风流；从"黄河之水天上来"的盛唐气象，到"帘卷西风，人比黄花瘦"的婉约缠绵。几千年来，一代代中国人就是在这些意味深远的诗词中滋养成长。毛泽东在各个时期的名篇佳作，也以不同形式出现在节目中，引发了观众的极大共鸣。中国社会科学院学者、曾任《中国汉字听写大会》裁判的张伯江认为，诗词以最优美的韵律和最凝练的语言，既把中华文明的精神内涵内化为中国人的心灵认知，又外化为口耳间的美妙流传。

　　《中国诗词大会》借助大众传媒，以创新的电视节目形式，承载着深埋于中国人内心的文化基因；用国人耳熟能详的诗词，带领全国电视观众重温中华经典诗词的同时，也完成了一次跨越千年、沟通古今、领略中华优秀传统文化魅力的精神之旅。远在加拿大的93岁学者叶嘉莹先生说："《中国诗词大会》能够在社会上引起如此热烈的反响，使我更加坚信：中国的古典诗词绝对不会消亡。因为只要是有感觉、有感情、有修养的人，就一定能够读出诗词中所蕴含的真诚的、充满兴发感动之力的生命，这种生命是生生不息的。"

★收集与整理

　　1. 了解并整理中国诗词文化发展历程，以海报的形式在教室里进行展览。

　　2. 搜集国家领导人重要讲话中运用到的诗词名句，并说明其含义。

★探讨与感悟

　　诗词的艺术之美千百年来绵延不息，为什么在21世纪的今天焕发了新的活力？

★体验与实践

　　了解古人行酒令时的文字游戏"飞花令"，并以此种形式在班内组织一次诗词对抗赛，在参与活动的过程中体会中华文化的博大精深。

专题六

一本护照背后的故事

舌尖上的外交

改革开放四十多年来，越来越多的普通中国人有机会走出国门，到其他国家定居、探亲、访友、留学、就业、旅游和从事商务等其他非公务活动。办理护照和签证是出国前必须完成的重要环节。

护照是一个国家的公民出入本国国境和到国外旅行或居留时，由本国签发的一种证明该公民国籍和身份的合法证件。护照（Passport）一词在英文中是口岸通行证的意思，也就是说，护照是公民旅行通过各国国际口岸的一种通行证明。所以，世界上一些国家通常也颁发代替护照的通行证件。

签证是一个国家的出入境管理机构对外国公民批准入境所签发的一种文件，也就是入境许可。而这个入境许可，是有有效期的。随着国际关系和各国旅游事业的不断发展，为便利各国公民之间的友好往来，免签证制度逐渐发展起来。

截至2021年1月，给予中国游客免签或落地签待遇的国家和地区已经达到73个，中国护照的"含金量"不断提高，为中国公民的对外交往活动提供了更多的便利。中西方交流的障碍越来越少，作为文化交流重要载体的美食也跨越了山川和海洋，相互碰撞、交融，增进了各国人民之间的感情。

面对一位总统，你也许谈不了政治；面对一个商人，你也许不懂生意经，但无论遇到什么样的人，你都可以和他们谈论美食。美食可以迅速拉近人与人之间的距离，让气氛变得轻松愉快。

中国美食走向世界

中国拥有世界上丰富的自然景观：高原、山林、湖泊、海岸线。这种自景观的多样性提供了异常丰富的食物原材料，使中国成为一个餐饮文化大国，菜系流派众多。随着中外交往的加深，中华美食走出国门，西方美食也不断传入中国，促进了东西方美食文化的交融与碰撞。

古代"丝绸之路"是中外贸易之路，也是中外饮食文化交流之路。

早在秦汉时期，中国就开始了饮食文化的对外传播。据《史记》《汉书》等记载，西汉张骞出使西域时，就通过"丝绸之路"与中亚各国开展了经济和文化的交流活动。

张骞从西域引进了胡瓜、胡桃、胡荽、胡麻、胡萝卜、石榴等作物，极大地丰富了中原人的餐桌。

同时，中国饮食文化也为世界做出了贡献。张骞把中原的桃、李、杏、梨、姜、茶叶等作物以及饮食文化传到了西域。比中国"西北丝绸之路"还要早的"西南丝绸之路"，北起西南重镇成都，途经中国云南到达中南半岛的缅甸和印度。这条"丝绸之路"在中国汉代同样发挥着对外传播饮食文化的作用。当时，大批的汉朝官兵在交趾（今越南）等地筑城居住，将中国农历五月初五端午节吃粽子等习俗带到了交趾等地，至今越南和东南亚各国仍然保留着吃粽子的习俗。

近些年，随着"一带一路"建设的深入发展，走出国门的中华美食更是显示出中国博大精深的饮食文化之魅力。中国菜包含着中国的文化密码："不时不食"的养生理念、"温良恭俭让"的传统美德、"阴阳五行"的平衡之道……中餐在征服外国友人胃口的同时，也在传递着中国的价值观。

民间外交，美食先行。舌尖上的共鸣让人欲罢不能，很多外国人因为吃了中餐，与中国和中国文化结缘。中国饮食文化蕴含的养生之道、礼仪哲学和城市气质更是圈粉无数。有着5 000多年发展历史的中餐，在外国人眼里已经成为代表中国文化的第一要素，成为文化"走出去"的主力军。

冰糖葫芦是中国传统小吃，又叫糖葫芦，在天津称糖墩儿，在安徽凤阳叫作糖球。它是把山楂、苹果等水果用糖稀包裹起来，冷却后就变成一串串晶莹剔透的冰糖葫芦。

为庆祝新年等节日，俄罗斯圣彼得堡市政府在市中心设立了新年集市。而首次登陆圣彼得堡的中国传统小吃糖葫芦竟意外走红，成了新年集市最受欢迎的外国小吃之一。

图6-1　冰糖葫芦

枸杞，又称枸杞子，是名贵的中药材，早在《神农本草经》中就被列为上品，称其"久服轻身不老、耐寒暑"，有延衰抗老的功效。枸杞子中含有多种氨基酸等营养成分，具有非常好的保健功效。枸杞不仅在中国食用，在海外也越来越受欢迎。它成为"超级食品"中的一员，还有一个专属的英文名Goji Berry（枸杞莓），现在还成了最流行的巴西莓冰沙的固定配料。

"老干妈"是中国最著名的美食之一，在中国市场上的销量遥遥领先，并且已经成功进军外国市场，在美国尤其受欢迎，其销售量非常巨大，甚至有赶超中国市场的趋势。对习惯于西餐的美国人来说，他们是如何食用"老干妈"的呢？

其实"老干妈"在美国超市出售的时候，和当地的酱料一样，放在同一个货架上。美国人非常喜欢吃果酱，比如番茄酱、草莓酱等，他们有一个习惯，就是直接把果酱涂在面包上来食用。"老干妈"在美国的吃法和果酱一样，也是涂抹在面包上食用，"老干妈"又香又辣的味道让他们觉得非常特别。

图6-2　"老干妈"配西餐

2018年冬天，美国流感肆虐，而流感引发的咳嗽久治不愈，让很多美国人苦不堪言，很多抗病毒药物一度脱销。

然而，就在这个时候，当地有病患服用了"京都念慈菴川贝枇杷膏"成功止咳后，这个被中国人熟知的香港品牌就在美国纽约爆红，一瓶300毫升的川贝枇杷膏更在网络上被炒到70美元（约440元）。尽管如此高价，也没能阻止枇杷膏卖到脱销。纽约唐人街的药店都把它放在了最醒目的位置。枇杷膏被试过的网友们赞不绝口。

如今，川贝枇杷膏不仅被外国人当作治流感的药物，还有人拿枇杷膏做鸡尾酒。

文化是在相互交流、学习、交融的过程中传承和发展的。今天，中西饮食文化的碰撞与交融并不鲜见，随着时间的推移，两种饮食文化必将有更多的融合、发展。作为中国人，我们有责任继承中华民族优秀的饮食文化，同时积极吸收西方饮食文化中的精华，使得中华饮食文化得到更好的发展，推动世界饮食文化的繁荣。

法国美食家布里耶·沙瓦朗说："餐桌上，看得到政治的精髓。"这可不是"大"话。国宴是重要的外交场合，更是展示国家形象和文化的重要场所，好的菜品和用酒能起到为国家形象加分的作用。

美食外交已经被称为最迷人的社交。2014年奥巴马访问日本之时，安倍的奢华寿司宴就成为各大媒体的头条，处处都是围绕这顿饭的分析，从一顿寿司甚至分析到了美日同盟关系。

除了"寿司外交"，世界各国外交场合的私人宴会并不少见，譬如"汉堡外交""烧烤外交"等。这样的私人宴会餐点并不完全追求"高端、大气、上档次"，轻松氛围中的有效沟通才是宾主皆欢的真实目的，包含着深刻的外交含义，也是媒体解读时局大事的风向标。

"汉堡外交""烧烤外交"这种顶级私人饭局在政治外交中数不胜数，但大多数情况下，首脑会晤还是以国家官方形式举行的"国宴"为主。

细说中国国宴

国宴是国家元首或政府为招待国宾、其他贵宾或在重要节日为招待各界人士而举行的正式宴会。

中国国宴历史悠久，《周礼》《仪礼》《礼记》中已有奴隶制国家王室为招待贵宾而举行国宴的记载。

知识链接

中国人是很讲情义的，有朋自远方来，设宴招待是起码的礼节。来时有招待晚宴，走时有送别宴。明朝时，政府在招待朝鲜使节的宴席上，上一碗融合中朝特色的汤饭，配几道小菜，既照顾了对方的口味，又家常、贴心。洪武年间的一次对外国宴上，每桌"果子五色，按酒五般，汤三品，小割正饭用羊"；永乐年间的对外国宴上，则是"按酒五品，果子五般，烧碟五般，茶食汤三品，双下大馒头羊肉饭，酒七种"，既彰显了明朝政府的热情，也充分尊重了外国使节的饮食口味和风俗。

在中国，最著名的"外交国宴"无疑是1972年时任国务院总理的周恩来同志为欢迎美国总统尼克松访华举办的招待宴会。尼克松访华，中美关系破冰，世界为之瞩目。为此，周恩来总理设宴招待，亲点热菜芙蓉竹荪汤、三丝鱼翅等，配以豌豆黄、炸春卷、梅花饺、炸年糕等传统小吃，再端上茅台酒，展现了有浓郁中国特色的饮食文化，令尼克松总统回国后念念不忘。此次"舌尖外交"也为中美恢复正常邦交关系开了个好头。

早在1971年底尼克松访华前，周恩来总理了解到美国人喜食海味，吩咐准备1 000千克新鲜鲍鱼。为了拿出中国品质最好的黄海野生鲍鱼，国务院将采捕鲍鱼的命令层层下达至辽宁省大连市长海县漳子岛人民公社的潜水队。

从不在这一季节捕捞鲍鱼的潜水队员，冒着零下20摄氏度的严寒和被鲨鱼袭击的危险，经历上百次深海捕捞，终于赶在1972年1月底前完成了这一政治任务。鲍鱼如期出现在尼克松一行在京期间的宴会上。

1972年2月28日，尼克松访华结束。翌日，《中美联合公报》发表，中美关系由此取得突破。

中国国宴餐具

国宴被称为一个国家最为顶级的"饭局"，以烹制精细名扬四海，而其餐具更是具有民族风格。

"美味还须美器盛"，从古至今，中国菜肴重视菜点形态，讲究配备器皿。而国宴实行单吃，菜型受到一定影响，所以选择合适的容器十分重要。

国宴所选用的餐具是高规格的釉中彩瓷器。例如"富贵牡丹国宴瓷"，设计者采用象征富贵吉祥的牡丹作主题，端庄典雅，一派大家风范。

"吉祥如意中南海专用瓷"，图案由蝙蝠、宝像花、莲花、祥云、寿字、回纹边和"吉祥如意"的字样组成，凸显华贵典雅，富有传统民族风情。

"古典园林中南海专用瓷"主题图案是富有鲜明江南园林风格的小桥流水人家、画中亭、桥、河、鸟、人……图案清晰、清秀典雅，将传统釉下青花瓷的意境和釉上彩的鲜亮揉为一体，这是传统与现代的完美结合，也是一种高雅身份的象征。

除了"富贵牡丹""古典园林""吉祥如意"之外，还有"中华龙"等国宴专用瓷器，形成了完整的国宴瓷器餐具序列。

总体而言，中国国宴以中餐菜品为主，重文化特色不重奢华，气氛热烈但不浮躁，菜品精细而不浪费，彰显出文明大国不卑不亢的风范，尽显中华饮食文化的特色和中国的文化底蕴。

让你流口水的各国国宴大餐

国宴说起来很严肃，其实不外乎是一种饮食文化与民风民情的展示。不同国家和民族文化背景不同，饮食习俗也千差万别，所以各国的国宴也因地因民族而异，五彩缤纷。

美国： 美国国宴制度始于1874年，是总统对外宾最隆重的礼遇。举办国宴不仅是总统和第一夫人向到访的外国元首表达友好的礼节方式，同时也是一件向全世界展示国家实力和影响力的大事。

下面我们通过2015年9月美国白宫对习近平主席的国宴宴请，来了解美国的国宴风格。

这次国宴有一道汤、两道主菜和一道甜点，各配一种酒。野蘑菇黑松露汤佐以绍兴黄酒，黄油焗缅因龙虾配春卷，烤科罗拉多羊里脊配蒜蓉脆皮鲜奶和花椰菜苗，甜点则是罂粟籽面包黄油布丁配中国柠檬凝乳和荔枝沙冰。

除了这些菜品，国宴还包括一个名为"花园漫步"的甜点拼盘，以及各种小点心。"花园漫步"拼盘中有用巧克力制作的中式六角亭和小桥，还有白莲花形状的小甜点。

这份国宴菜单既展示了美国本国的饮食特色，也充分展现了中国元素，体现了相互尊重的原则。

埃塞俄比亚： 国宴多是生牛肉宴。生食的牛肉很鲜嫩，鲜血淋淋的牛肉最受欢迎。

生牛肉有两种吃法：一是将剥去皮的整头牛劈成两半，挂在钩上，客人一手持刀一手拿盘，爱吃什么就自己动手去牛身上切，边切边蘸着作料吃，不加主食；另外一种是把牛肉绞成肉糜，拌上辣椒粉等调料装盘吃，或用一种谷物做成的"英吉拉"薄饼裹着吃。

法国： 法国菜是西方国家中最负盛名的一种，而"巴黎牛排油炸土豆丝"又被誉为这个美食大国的国菜，每次都会被端上国宴台面。

这道菜妙在牛排半生半熟，肉呈红色，鲜美可口，土豆丝焦熟适度，嚼起来满口是香，风味独特。法国国宴上还常有道名菜——烤蜗牛，它的制作很特别：将蜗牛肉同葱、蒜、洋葱一起捣碎，拌以黄油，调味之后，把肉塞回壳内，放在特制的瓷盘里，送进烤箱里烤。食用时油还冒着泡，香气扑鼻。

英国： 英国菜的特点是油少而清淡，讲究花样，注意色、香、味。

"烤牛肉和约克郡布丁"被称为英国的国菜，是英国人待客的佳肴。这是用牛腰部位的肉再加鸡蛋、牛奶和面与牛肉、土豆一起在烤箱中烤制的菜肴。

日本： 日本人自称为"彻底的食鱼民族"。日本人吃鱼有生、熟、干、腌等各种吃法，尤以吃生鱼片最有名。国宴或平民请客以生鱼片招待为最高礼节。

日本人称生鱼片为"沙西米"。一般的生鱼片，以鲣鱼、鲷鱼、鲈鱼配制，最高档的生鱼片是金枪鱼生鱼片。开宴时，让你看到一缸活鱼，现捞现杀，剥皮去刺，切成如纸状的透明薄片，端上餐桌，蘸着佐料细细咀嚼，滋味美不可言。即使是不吃生鱼的外国人，尝了一次便也想吃第二次了。

墨西哥： 墨西哥人以玉米为主食，国宴也是一盘盘玉米美食，即玉米宴。

"托尔蒂亚"是将玉米面放在平底锅上烤出的薄饼，类似中国的春饼，香脆可口，尤以绿色玉米所制的薄饼最香。"达科"是包着鸡丝、沙拉、洋葱、辣椒，用油炸过的玉米卷；最高档的"达科"以蝗虫做馅。"达玛雷斯"是玉米叶包裹的玉米粽子，里面有馅拌鸡、猪肉和干果、青菜，煮熟后嫩叶芬芳，吃后齿颊留香。"蓬索"是用玉米粒加鱼、肉熬成的鲜汤。整席玉米国宴，包括面包、饼干、冰激凌、糖、酒，一律以玉米为主料制成，令人大开眼界。

护照是"护身符"

有人说，中国护照的"含金量"很低，好多想去的地方都去不了。但你有没有想过，当你在国外遇到麻烦，能给你安全感的，还是那一本中国护照。也许，现在的中国护照还不能带你去世界上每一个地方。但是，当战争和灾难来临时，它能从任何一个地方接你回家！

◎ **探讨交流**

护照是一种特殊的身份证件。有了这张护照就可以到签发国旅行。护照在海外使用过程中具有哪些功能呢？

身在国外，一本中国护照，就是我们最强大的"护身符"。

两张照片的故事

这张照片是土耳其摄影师奥斯曼·萨厄尔于2014年12月在叙利亚阿特梅赫的一个难民营中拍摄的。照片上的小女孩，看到摄影师举起长长的镜头对

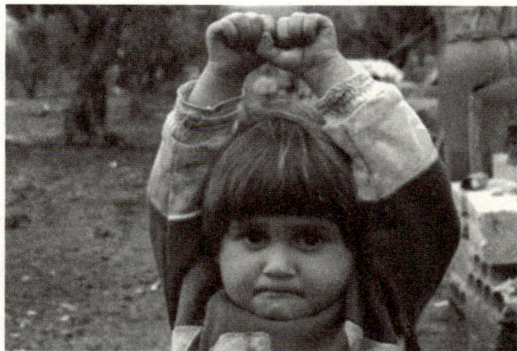

图6-3 叙利亚难民

准她时，她便把相机当成了武器，熟练地举起双手，示意投降。她抿着嘴，眼神中有惊恐、委屈，恐惧发自内心，浑身发抖，身后一片荒凉。

相信，无论是谁看到这个孩子的眼睛，都会无比心酸，本来应该是一个千人宠万人疼的小姑娘，却随时要面临死亡的威胁。

与其形成鲜明对比的是爆红网络的"牵手照"，它给我们带来的是满满的感动。

这张在2015年也门撤侨行动中拍摄的"牵手照"，温暖了无数中国人的心！照

片中的女兵名叫郭燕。她回忆说："这是2015年4月也门撤侨，我牵着一个华侨小朋友的手，带她上舰回家。当'我们接你们回家'这句掷地有声的话在码头上响起时，'祖国万岁'的口号声和欢呼声此起彼伏。"

2015年初，也门内战爆发，也门国内安全形势急剧恶化。当时，美、英、法、德等10多个国家关闭使馆，要求本国公民自行撤离也门。但中国选择派出中国海军护卫舰，动用武装力量，把中国公民从炮火纷飞的也门安全接回家。面对随时可能的空

图6-4 也门撤侨行动

袭，一句"中国人到这边来"，一艘飘扬着五星红旗的中国军舰，让许多中国公民流下了激动的眼泪。

在2015年那个春天，中国海军给世界留下一幕幕温暖的瞬间。网友盛赞："中国护照的'含金量'不在于免签多少国家，而在于危险的时候祖国能带你回家！"

2011年，利比亚局势动荡，战争一触即发。为保护在外侨胞，中国调动了182架次中国民航包机、5艘货轮，动用了4架军机，租用20余艘次外籍邮轮，把35 860名中国公民从利比亚安全接回了家。这次撤侨，堪称中国政府最大规模的国家行动，仅仅是数字就足以惊人。被安全接回家的同胞们，前一秒还在死神的眼皮底下挣扎，下一秒就在强大祖国的庇护下安全到家。

2016年，新西兰南岛发生地震，距离震中较近的海滨小镇凯伊库瞬间成为"孤城"。一时间，来自世界各国1 000多名游客被困，其中就有125名中国游客。得到消息后，中国领事馆第一时间启动了撤离计划，租下了所有可用的直升机，将中国游客一个一个安全撤离，安置到了其他安全城市。那一天，新西兰满天都是中国的救援飞机。手持中国护照的中国游客，第一时间离开了那座"孤城"。

从局势动荡的利比亚，到炮火纷飞的也门，再到新西兰的强震灾区，每一个在异国的危难时刻，第一时间想到你的，永远是祖国。而我们的祖国，也在全世界的注视下，做到了第一时间赶到救援现场，给远在他国的同胞以庇护。祖国一直在为遍布世界的中国公民保驾护航。

不管你身在何方，只要带着那一本中国护照，祖国就在你身边。任何一个危难时刻，中国护照都能让你成为全世界最羡慕的公民。

话说伙伴关系

　　护照之所以能够保护海外的中国公民免受伤害，是因为伴随着我国日益强大的综合国力，逐步构建起了以合作共赢为核心的新型国际关系，这才是真正的"护身符"。

　　截止到2019年，本着对话而非对抗、结伴而非结盟的原则，中国已同112个国家和国际组织建立了不同形式的伙伴关系，基本形成了覆盖全球的伙伴关系网络。特别是"一带一路"倡议的顺利实施和"构建人类命运共同体"理念的提出，中国的"朋友圈"越来越大，好朋友和好伙伴越来越多。

　　伙伴关系是国际关系学术语，指在国际交往中，国家间为寻求共同利益而建立的一种合作关系。中国的伙伴关系一般可分为合作伙伴、全面合作伙伴、战略合作伙伴、全面战略合作伙伴等。

中巴："铁哥们"

　　"全天候战略合作伙伴"是中国用于描述与巴基斯坦关系的独特用语，体现了中国人民和巴基斯坦人民之间最真诚、最纯粹的友谊关系。中国人民亲切地称巴基斯坦为"巴铁"，意思是巴基斯坦是中国"像钢铁一样坚固牢靠的朋友"。

　　1951年5月21日，中国和巴基斯坦正式建立外交关系，巴基斯坦是最早承认中华人民共和国的国家之一。经过两国领导人及两国人民几十年的努力，巴基斯坦成为中国最坚定的友国。而"宁舍金子，不舍中巴友谊"是巴基斯坦时常用来表达对中巴友谊珍视的一句名言。事实证明，建交70年来，不管国际国内环境如何变化，中巴关系经受住了各种考验，成为真正的"全天候战略合作伙伴"。

　　中巴关系之"铁"不是只停留在口头上，而是切切实实地落在行动上。在台湾、西藏、人权等涉及中国核心利益的问题上，巴基斯坦都鼎力支持中国。

20世纪后半叶，巴基斯坦在中华人民共和国外交史上占有重要一席，在帮助中国打破西方封锁、实现中美关系正常化、恢复联合国合法席位等问题上发挥了重要作用。

2008年4月，当北京奥运会火炬传递到巴基斯坦境内时，火炬由总统马车车队护送到传递起点，巴总理和总统同时在那里迎接，最后又同时在终点等待。巴基斯坦在重大国际问题上始终与正义的中国并肩站在一起。

2008年5月，中国汶川大地震，巴基斯坦第一时间动用全国仅有的4架战备运输机援助救灾，并且动用了国家战略储备的所有帐篷！大地震发生两天后，巴基斯坦总统穆沙拉夫亲临中国驻巴基斯坦大使馆，向中国人民表示亲切慰问。"动用国家全部的运输机"、"搬光国家战略储备的帐篷"这种倾囊相助的国家，就是我们坚定的朋友——巴基斯坦。巴基斯坦人民的生活并不富裕，但巴红新月会代理主席哈尼夫说："为中国兄弟，巴基斯坦政府和人民有再大的困难也要帮忙！"

细心的中国人发现，巴基斯坦捐助中国的帐篷数量精确到十位数，达到22 260顶，而在分批运送时，甚至精确到个位数。原因是，巴基斯坦这次援助动用了国家战略储备的所有帐篷！"尽管我们还不富裕，但这是我们的一点心意。"这是在向中国提供援助时，附带的一句话。当巴基斯坦的医疗队赶赴灾区的时候，我方的接待人员想给医疗队员做出妥善的生活安排，但他们的领队回道："不用操心医疗队的吃饭、接待问题，他们是去救人的，有菜叶吃就行。"

作为好兄弟、好伙伴，中国对巴基斯坦的援建和帮助涉及方方面面，这也是巴基斯坦人民有目共睹的。他们知道，中国是"铁哥们"。

中国有句老话叫"要想富，先修路"。路的变革给巴基斯坦整个国家的经济发展带来了显著成果，其中最著名的是被称为"友谊之路"的喀喇昆仑公路（中巴国际公路）。这是一条由中国援建的，连接中国西部与巴基斯坦的公路，是巴基斯坦北部地区的交通纽带，是通往首都伊斯兰堡及南部沿海地区的交通要道，对于巴基斯坦的国家安全具有重要的战略和军事意义。同时，这条公路还是亚洲公路网的组成部分，是中国通往巴基斯坦地区及南亚次大陆的交通要道。

喀喇昆仑公路北起中国新疆的喀什市，穿越喀喇昆仑山脉、兴都库什山脉、帕米尔高原、喜马拉雅山脉西端，经过中巴边境口岸红其拉甫山口，南到巴基斯坦北部城市塔科特，全长1 032千米。其中，中国境内416千米，巴基斯坦境内616千米。

2013年5月，以协助巴基斯坦进行基础设施扩建与升级为基础，为推进和深化两国在能源、安全、经济等领域的合作实现发展战略的有效对接，"中巴经济走廊"开始建设。

"中巴经济走廊"是中巴两国全方位、多领域的合作，它既是中国"一带一路"倡议的样板工程和旗舰项目，也为巴基斯坦的发展提供了重要机遇，给巴基斯坦社会经济的发展和老百姓的生活带来了飞速改变。

据相关资料显示：2014—2018年，巴基斯坦经济平稳增长，GDP平均增长率达4.77%，外国对巴的直接投资由2012年的6.5亿美元增加至2018年的22亿美元，其中来自中国的直接投资就达14亿美元。巴基斯坦人均年收入从2012年的1 334美元增长至2018年的1 641美元。"中巴经济走廊"为当地人民创造了7万个直接就业岗位。据估算，"中巴经济走廊"将在2030年前为巴创造高达70万个就业岗位。

中巴两国建交70年来，始终坚持和平共处五项原则，彼此尊重、以诚相待。中巴总在关键时刻"力挺"对方，在危难时刻帮助彼此，风雨同舟，患难与共，使"中巴友谊之树"根深叶茂，硕果累累。无论国际风云如何变幻，中巴关系始终坚如磐石，历久弥新，成为不同社会制度、不同文化国家间和睦合作、互信互助的典范。

中俄：全面战略协作伙伴关系

俄罗斯既是中国的周边大国，也是国际社会中的重要一极。1996年4月，中俄建立了战略协作伙伴关系，2014年5月上升为全面战略协作伙伴关系，开创了新型大国关系的一种特殊模式。

中俄双方在国际政治、地区安全、贸易、能源等方面有着广泛、深入的合作，民间也有着深厚的交流。

中俄间的密切交往正在经贸领域不断结出硕果。中国已连续八年保持俄罗斯第一大贸易伙伴国地位。在能源、航空、基础设施等领域开展大项目合作的同时，中俄跨境基础设施建设也顺利进行。随着"一带一路"建设和欧亚经济联盟建设对接合作，双方的经贸合作将培育更多亮点。

作为中俄人文交流的重要组成部分，两国旅游合作也在不断升温。2019年赴俄中国游客达149万人次。随着"旅游年"等合作机制的不断深入以及签证手续的不断简化，中俄旅游合作将进一步增进两国人民的相互了解。

进入21世纪，中俄关系的发展正在更深远地影响着国际格局。

近年来，在两国元首顶层设计和战略引领下，中俄全面战略协作伙伴关系保持稳定、持续、高水平发展。高层交往更加频繁，互为最可信赖的战略伙伴，相互坚定支持对方维护本国主权、安全、领土完整等核心利益，坚定支持对方走符合本国国情的发展道路，坚定支持对方发展振兴，坚定支持对方把自己的事情办好。

中俄双方国际协作日益密切，在联合国、二十国集团、亚太经济合作组织等国际多边框架内密切协调和配合，共同倡导建立上海合作组织、"金砖国家"合作等多边机制，在动荡多变的国际局势中发挥了"稳定器"的作用。

在习主席和普京总统的战略引领下，中俄两军关系持续保持高位运行，不断为两国全面战略协作伙伴关系充实新的时代内涵和安全内涵，不断为维护世界和平和地区稳定提供正能量。

根据中俄双方达成的共识，中俄两国海军于2019年4月29日至5月4日在中国山东青岛附近海、空域举行了代号为"海上联合-2019"的联合军事演习，旨在巩固发展中俄全面战略协作伙伴关系，深化两军友好务实合作，增强两国海军共同应对海上安全威胁的能力。

2019年5月2日上午10时18分，中国海军的一艘深潜救生艇在中国青岛附近海域几十米的海底深处向指挥所通报："救生通道已建立，开始转移艇员。"通道的另一端是隶属于俄罗斯海军太平洋舰队的一艘潜艇。几个小时之后，中国海军的一艘潜艇向俄方的深潜救生艇打开了舱口盖，接受对方的救援。

中俄海军首次组织救生艇互相与对方潜艇进行水下对接，这是此次中俄"海上联合-2019"的一大亮点。潜艇是海军的主要作战平台，在各国海军的序列当中都是不可或缺的重要威慑力量，因此各国对潜艇的保密程度都很高。此次全新模式的"生命通道"的建立，对于中俄两国海军而言都是一次历史性突破，体现出中俄战略互信达到了新的高度。

实践证明，中俄全面战略协作伙伴关系顺应合作共赢的时代发展潮流，走出了一条对话而不对抗、结伴而不结盟的新路，树立了新型国家关系典范，符合两国和两国人民的根本利益，具有强大的生命力和巨大的发展潜力。

中美：建设性合作伙伴关系

中国是世界上最大的发展中国家，美国是最大的发达国家，中美关系是世界上最重要的双边关系之一，其走向直接影响到今后两国的进步和繁荣、亚太地区的和平与发展、世界格局的形成与变化。保持中美关系长期健康稳定发展，不仅符合两国人民的根本利益，也是国际社会的普遍期待。

中美建交40多年来，有合作也有分歧，共同的利益始终是影响中美关系的最主要因素。

中华人民共和国成立后，中美关系的变化大致经历了三个历史时期，即两国战略对抗时期、"准战略合作伙伴"时期和冷战后战略交往与协作时期。影响中美关系的基本因素主要有战略与安全问题、经济因素、意识形态因素、台湾问题和文化因素等。

2001年的"9.11"事件过后，美国开始调整对华政策，重新定位对华关系，中美关系进入了全面合作的新时期，开展了双赢的双边关系。

2014年11月，美国总统奥巴马访华。中美两国元首就两国各领域的务实合作达成一系列重要共识。在涵盖27项重要成果的清单中，《中美气候变化联合声明》被视为"里程碑式"的协议，受到国际社会的广泛欢迎。

《中美气候变化联合声明》为2014年12月举行的利马气候大会取得预期进展起到重要引领作用。时任联合国秘书长的潘基文称赞中美两国为解决"共同但有区别的责任"问题树立了典范，为2015年巴黎气候大会达成新协议做出了重要贡献，中美两国展现出了世界所期待的领导力。

"宽广的太平洋有足够空间容纳中美两个大国。"习近平提出的不冲突、不对抗、相互尊重、合作共赢原则，为中美跨越"修昔底德陷阱"、实现两国关系健康稳定发展提出了明确的方向。中美两国建立一个和平、稳定、合作、共赢的双边关系，不仅是中美两国的共同责任，也是人类社会和平与发展的必然要求。中美之间开展"跨越太平洋的合作"，既是两国人民之福，也是地区与世界之幸。

2018年10月举行的第八届北京香山论坛的主题是"打造平等互信、合作共赢的新型安全伙伴关系"。倡导各国跳出结盟或对抗的窠臼，顺应时代发展潮流，平等相待、互商互谅，探索构建不设假想敌、不针对第三方，具有包容性和建设性的安全伙伴关系，推动构建人类命运共同体；呼吁各国共担责任，共同走出一条共建、共享、共赢的安全合作之路；促进构建相互尊重、公平正义、合作共赢的新型国际关系，为各国人民打造一个和平的、和谐的世界！

随着祖国日益强大，让护照这个"护身符"拥有更多的新内涵！

参考文献

1. 许华. 21世纪中俄关系的回顾与展望——"中俄关系：历史、现状与未来"国际会议综述［J］. 俄罗斯中亚东欧研究，2006，（4）：83-85.

2. 高爱莉. 阻碍中美关系的主要因素分析［J］. 网络财富，2010，（14）：207-208.

3. 傅瑞伟. 重新理解中美关系的逻辑［J］. 中国改革，2010，（4）：130-131.

4. 迈克尔·斯宾塞. 重塑中美关系［J］. 公共外交季刊，2012，（3）：124-126.

综合探究 》》

改革开放以来，中国的"朋友圈"越来越大。在新的历史时期，中国外交积极进取，主动作为，构建起了全方位、多层次和立体化的战略布局。

中国的强国梦需要多方面支撑，强有力的外交工作无疑是强国梦的重要支撑之一。党的十八大以来，中国领导人以"中国梦"引领外交工作，提出了许多处理国际问题的新理念和新观点。例如：提出"和谐世界"、"新型大国关系"、"人类命运共同体"等理念，强调坚持正确的义利观，极大地发展了中国的外交理论。在实践方面，中国注重大国外交、周边外交，以及与其他发展中国家之间的关系，力推"一带一路"倡议，大力打造以中国为中心的经济辐射圈，不断增强国际话语权，中国的国际影响力不断增强。

习近平总书记在党的十九大报告中指出："中国秉持共商共建共享的全球治理观，倡导国际关系民主化，坚持国家不分大小、强弱、贫富一律平等，支持联合国发挥积极作用，支持扩大发展中国家在国际事务中的代表性和发言权。中国将继续发挥负责任大国作用，积极参与全球治理体系改革和建设，不断贡献中国智慧和力量。"

★收集与整理

1. 分3组分别收集从中华人民共和国成立到改革开放之前、改革开放到党的十八大之前、党的十八大以来3个不同历史时期我国的外交理念以及取得的成就。

2. 分析整理不同时期我国外交理念的变化及其原因。

★探讨与感悟

1. 在分组讨论的基础上，相互交流自己的观点。

2. 在中国长期的对外交往中，"外交无小事"一直是外交人员在实践中奉行的重要准则，迄今依然影响着外交人员和对外交往实践。请你谈谈自己的看法。

★体验与实践

1. 采访你身边的人，谈谈他们对中国梦的感想。

2. 用"中国智慧"与"中国担当"打造"人类命运共同体"，你可以做些什么呢？与你的小伙伴们交流交流吧。

专题七

一把捍卫未来的亮剑

2016年7月，空军组织战机在南海战斗巡航，被誉为"战神"的轰-6K首次出现在黄岩岛上空。轰-6K轰炸机有着探测距离远、范围广的机载雷达。更关键的是，它有超长时间的巡航能力。此后，中国空军轰-6K轰炸机已实现对南海岛礁的常态化巡航。与通常的巡航不同的是，战斗巡航带着作战方案，甚至是挂弹的军事行动。巡航的作战编队随时可以投入战斗，不仅可以对岛礁进行巡航，还可以执行空中侦察任务，甚至可以进行空中战斗。战斗巡航常态化是中国维护国家主权和领土完整的重要手段。

2018年7月，中国空军派出轰-6K轰炸机等战机，赴俄罗斯参加"国际军事比赛-2018"。这是轰-6K轰炸机首次出国参赛。此次与使用轰炸机特别有经验的俄罗斯空军同场竞技，通过战场切磋，进一步展示了我国的大国军威。

◎ 探讨交流

　　解放军实现南海常态化巡航的底气何在？你了解中国军队武器装备发展的历程吗？

历尽艰辛铸剑

《游击队歌》是我国著名作曲家贺绿汀于1937年创作的。《游击队歌》融入了对抗日将士的真挚情感、对敌军的愤懑与藐视及对革命必胜的乐观主义精神。

游击队歌

贺绿汀　词曲

我们都是神枪手　每一颗子弹消灭一个敌人

我们都是飞行军　哪怕那山高水又深

在密密的树林里　到处都安排同志们的宿营地

在高高的山岗上　有我们无数的好兄弟

没有吃没有穿　自有那敌人送向前

没有枪没有炮　敌人给我们造

我们生长在这里　每一寸土地都是我们自己的

无论谁要强占去　我们就和他拼到底

◎ **探讨交流**

为什么"没有枪没有炮敌人给我们造"？你知道当时人民军队使用的枪支有哪些类型吗？

"汉阳造"：抗战枪械中的第一"功臣"

"步枪是老套筒，汉阳造""两个人都分不到一支枪"，这是电视剧《亮剑》中李云龙说过的两句话。

诞生于清朝末期的"汉阳造"步枪是中国军队在抗日战争中使用的主力枪械。无论是国民党军队，还是八路军、新四军和游击队，都大量使用"汉阳造"。

19世纪90年代起，清末洋务派大臣张之洞在任职湖广总督期间开办了汉阳兵工厂，从国外购买专利，进行各类武器制造。在外国顾问的建议下，张之洞引进了德国步枪试验委员会设计的1888式7.92毫米步枪。该枪采用无烟火药和铜镍合金弹头，在当时可谓"领风气之先"，受到广泛关注。

汉阳兵工厂从1896年开始正式仿制生产1888式步枪，当时定名为"八八式步枪"，但人们都习惯将其称为"汉阳造"。

初期生产的"汉阳造"，在枪管外加装一个隔热护手的套筒，因此被称为"老套筒"。从1904年起，汉阳兵工厂去除了这个实用价值不大的套筒，并将枪管加粗。之后，"汉阳造"又出现多种改进型，设计更趋合理。"汉阳造"前后生产了将近半个世纪，到1944年停产，总产量约在108万支以上，是抗战时期中国军队用量最大的枪支型号。

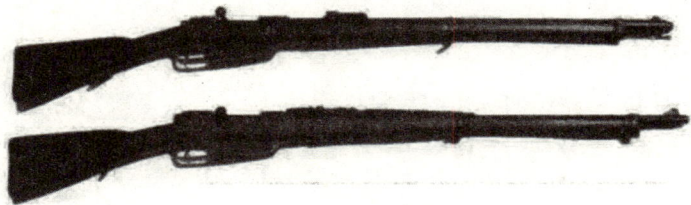

图7-1 （"汉阳造"）88式步枪

"汉阳造"步枪的制作工艺粗糙，准确度不高，可靠性能也差，经常发生卡壳、击针断裂、枪管发软、枪身和刺刀短等问题。有战士戏称它为"烧火棍"。造成这些问题的原因是钢质的冶炼技术尚未成熟。

◎ 探讨交流

与抗日战争时期相比，现在解放军的武器装备发生了翻天覆地的变化。说说你熟悉的先进军事武器有哪些。

心向前沿，决战巅峰

"陆战之王"：99A式主战坦克

99A式主战坦克，是我国最先进的主战坦克。融合火力、机动力、防护力和信息力于一体，具备全天候精确打击能力，能够实现战场感知、态势共享和协同攻防等作战能力，代表着新型陆军跨越式发展新成就。从99式主战坦克到99A

图7-2 99A式主战坦克

式主战坦克,说明陆军开始从机械化向数字化跨越。

"新生战神":自行火炮

火炮,被誉为"战争之神"。122毫米榴弹炮、155毫米加榴炮和300毫米远程火箭炮,涵盖近、中、远射程,是我国陆军部队主要的火力突击力量。这3种型号的自行火炮是我国自主研发制造,实现了侦察目标、信息处理与辅助决策

图7-3 05A式155毫米履带自行加榴炮

到末端射击全程一体的数字化、自动化,其优越的机动性能、强大的攻击火力和良好的防护能力,代表了世界火炮技术的先进水平。

"装甲克星":红箭-10反坦克导弹发射车

红箭-10反坦克导弹发射车是我军目前装备最先进的重型反坦克武器系统,具备射程远、威力大、命中精度高、抗干扰能力强等特点,可以全天候对地面高价值目标及低空、低速飞行目标实施精确打击,是世界一流的反坦克导弹武器系统。

图7-4 红箭-10反坦克导弹

"铁甲箭阵":步战车

作为坦克和装甲输送车结合体的步战车,不仅能作为战场突击力量单独行动,

而且可与主战坦克协同作战，是新型陆战力量快速反应作战的利器。04A型履带式步战车和08式轮式步战车，具有强大的火力打击、机动作战、综合防护三大优势，具备全面的信息化指控能力、全时域打击能力、全域机动能力，是当前我陆军部队最为先进的步兵战斗装备。

图7-5　04A型履带式步兵战车

陆军，这支从革命年代走来的威武之师，在经历了徒步化、骡马化、摩托化阶段后，开始努力追赶世界先进陆军发展趋势，向机械化转型升级。

阅兵场展雄姿

阅兵，体现了一支军队的军威、一个国家的国威、一个民族的浩然正气；是军人向国家宣誓忠诚，展示军队风貌的重要形式。对于扬国威军威、振奋民族精神、激发爱国热情都具有十分重要的意义。

图7-6　中国人民解放军阅兵方队

中华人民共和国第一次阅兵："万国牌武器展览会"

1949年10月1日在北京天安门广场举行的开国大典阅兵，是中华人民共和国成立后的第一次阅兵，这次阅兵也成为我国现代阅兵式的蓝本。1949年大阅兵，是获得新生的中国在极其困难的条件下举行的，受阅部队使用的枪、炮和飞机等都是美国或日本生产。

受阅部队由步兵师、炮兵师、战车师、骑兵师、海军、空军代表组成，共16 400余人。受阅武器装备，有各种火炮119门，坦克和装甲车152辆，汽车222辆，军马2 344匹，飞机17架。首都30万军民参加了开国大典。

开国大典阅兵接受检阅的有1万多英雄部队，展现在广场上的装备是日制九七式"老头坦克"、150毫米"花炮"和德制七九步枪……炮兵还多靠骡马牵引。有人感叹说，这次阅兵式上出现的各种装备，只有骑兵的战马是我国自己产的。

阅兵的最高潮是新组建的人民空军的战机飞过天安门广场上空，广场和城楼上突然爆发了如雷如潮的掌声和欢呼声。当30万群众都抬头仰望飞机、欢呼声响彻云霄时，人们还不知道这些旧式飞机是当时解放军航空兵能够拿出来执行战斗任务的全部家当。

图7-7 参加开国大典受阅机群

主要机型有P-51型野马式战斗机、蚊式轰炸机、C-46型运输机、PT-19型教练机和L-5型联络机，共计17架。由于只有17架飞机，而且还是东拼西凑组装起来的，演练时，这些飞机经过天安门上空的时间太短。

这是能拿得出来的全部飞机了。但是不够，怎么办？

周恩来总理解决了这个难题。他提出，鉴于P-51型野马式战斗机速度较快，数量较多（9架），可以飞在队列前面。速度较慢的PT-19型教练机和L-5型联络机则飞在后面。当P-51型野马式战斗机飞完后，绕场一圈，迅速跟在PT-19型教练机和L-5型联络机后面，第二次通过天安门上空，接受检阅。这样一来，人们看到的受阅飞机不是17架，而是26架。

当受阅机群从天安门广场上空飞过时，其中4架是带弹受阅，这在世界阅兵史上也是前所未有的事情。原因是受阅飞机当时还担负着战斗值班任务。为了防止敌机偷袭，经过反复研究，由毛泽东、朱德和周恩来批准，一份"带弹受阅飞行"预案制定出来了。

人民军队在战斗中成长，在继承中创新，在建设中发展，革命化、现代化、正规化水平不断提高，威慑和实战能力不断增强。人民军队已经由过去单一军种的军队发展成诸军兵种联合的强大军队，由过去"小米加步枪"武装起来的军队发展成基本实现机械化、加快迈向信息化的强大军队。

朱日和阅兵：没踢正步，没徒步方队？！

"这是一场野战化、实战化的阅兵。"此次阅兵打破了广场阅兵的惯例，即不安排徒步方队和踢正步，不安排军乐队合唱团，不搞群众性观摩。所有装备都以实战状态接受检阅，从头到尾充满了浓浓的"硝烟味儿"。

此外，此次阅兵的"沙场特色"还体现在，标兵不再穿礼服，而是穿迷彩服，就位的方式也不是以往的踢正步，而是采用跑步的形式，更添实战味。

> ◎ 探讨交流
> 你知道朱日和阅兵还有哪些独特之处吗？

2017年7月30日，庆祝中国人民解放军建军90周年阅兵在位于内蒙古的朱日和训练基地举行。接受检阅的共有12 000名官兵、600余台（套）装备。受阅部队组成1个护旗方队、27个地面方队和9个人员方队；陆、海、空三军航空兵驾驶着100多架战机编成1个纪念标识梯队、1个空中突击梯队和6个空中梯队，从东北、华北的6个机场起飞。

拓展阅读

朱日和基地

天然战场：朱日和位于内蒙古自治区乌兰察布市四子王旗和锡林郭勒盟苏尼特右旗境内。这里地形复杂，由沙漠、草原、山地、沟壑等组成，可以模拟各种地形条件下的战术动作。

战略位置： 地处内蒙古高原东部，向北向西两个方向与蒙古国接壤，隔一马平川的蒙古高原与俄罗斯相望，便于大规模机械化部队机动。

历史回眸： 历史上的朱日和属于苏尼特部。这里是元太祖十六世孙图鲁博罗特的封地，之后传到库克齐图墨尔根台吉，称为苏尼特。库克齐图墨尔根台吉将苏尼特分为东、西两路，分给四个儿子。后来他们都曾归属于察哈尔部落。到了后金时期（明代晚期），苏尼

图7-8　朱日和基地

特由于受到末代蒙古大汗林丹汗的欺压，就迁移依附了喀尔喀蒙古部落。历代的苏尼特都是军事要地，这里大漠戈壁，从来都是绝佳的战场。

◎ **探讨交流**

　　历史上，哪些帝王在朱日和留下了足迹？

在朱日和训练基地举行的庆祝中国人民解放军建军90周年阅兵式上，由23型空军新型装备组成的8个空中梯队和5个地面方队，威武雄壮地接受了检阅。

此次受阅装备最耀眼的莫过于歼-20战斗机。高飞的歼-20机腹下装载着一个很不显眼的小设备，它就是所谓的龙伯透镜——雷达波散射增强器。这种设备在美国空军F-22上也时常挂载。歼-20打仗时并不挂载它，只是在日常训练

图7-9　歼-20战斗机

时才使用。之所以如此，是因为歼-20太隐身了，我方的导航雷达、机载雷达很难发现它，为对歼-20进行有效导航，避免空中相撞事故发生，才安装了它。

受阅的战斗机还有歼-11系列代表机型歼-11B，歼-10最新改型歼-10B、歼-10C，还有首次出现在阅兵场上的歼-16。

歼-20战机

作为第四代全天候中远程重型战斗机，更大的亮点在于其强大的任务系统。

第四代战机的隐身性能优异。充满高科技的机身涂层和"诡异"的气动外形，能最大限度地吸收及散射电磁波，从而极大地压缩对方雷达的发现距离，在对方雷达屏幕上实现"隐身"。

第四代战机还具有强大的信息采纳和集成能力。雷达、光雷、数据链、机械链、电子对抗……歼-20"浑身都是鼻子、眼睛"，能综合接收各种信息，再以优越的信息集成能力，用简洁、高效、友好的人机界面反馈给飞行员。

中国空军战斗机的发展如雨后春笋，层出不穷，已形成了以第四代战斗机为拳头，以第三代战斗机为骨干的装备体系，走上了"一机多型、一机多用"、滚动推进的路子。相比美国F-22、F-35、F-15、F-16等这些具有世界空军装备前沿发展水平的机型，中国空军已与世界少数发达国家空军并驾齐驱。

2018年3月31日，中国空军发布中英文版宣传片《战神展翅》，生动震撼的轰-6K战斗飞行画面、激情高昂的配乐，将空军轰-6K飞行员牢记新时代使命任务、提高新时代打赢能力的价值追求，浓缩在3分12秒的影像里。

中国空军列装轰-6K战机的空军"神威大队"，3年来实现了常态化赴西太平洋远洋训练、常态化警巡东海防空识别区、常态化绕岛巡航、常态化战巡南海。神勇亮剑空天，展现大国之威。

轰-6K战机

轰-6K是在我国自主研制的中型轰炸机轰-6基础上改进研制的。该机换装了涡扇发动机，动力更加强劲，可靠性更高，耗油率更低；增设了油箱，提高了载油量，扩大了航程和作战半径；全面升级了座舱显示系统、武器火控系统、通信导航系统和电子作战系统等，信息化水平极大地提高；改装率高达90%以上，实现了脱胎换骨的变化。

轰-6K起飞重量大，外挂能力强，可挂10多吨空地导弹、空舰导弹、巡航导弹。航程最大在8 000千米以上，如果再考虑到巡航导弹1 000多千米的射程，轰-6K的打击范围还将大大拓展。

图7-10 轰-6K战机

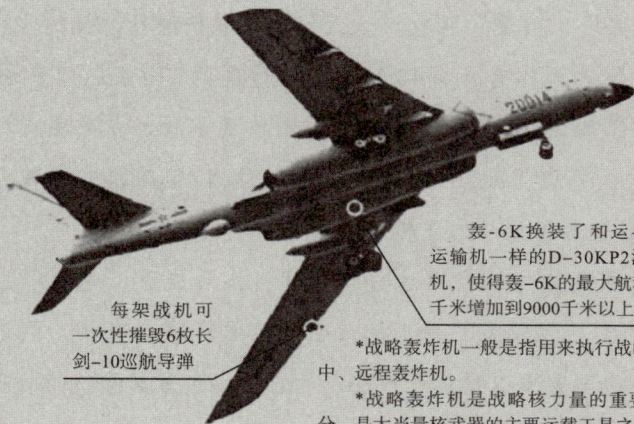

每架战机可一次性摧毁6枚长剑-10巡航导弹

轰-6K换装了和运-20大型运输机一样的D-30KP2涡扇发动机，使得轰-6K的最大航程从5800千米增加到9000千米以上。

*战略轰炸机一般是指用来执行战略任务的中、远程轰炸机。
*战略轰炸机是战略核力量的重要组成部分，是大当量核武器的主要运载工具之一。

图7-11 轰-6K战机

在整个对空防御体系中，地空导弹无疑占据十分重要的位置，国家政治经济中心、军事要地、交通枢纽等重要目标都要依靠它来撑起一柄安全巨伞。朱日和阅兵受阅的地空导弹武器系统，有红旗-9B、红旗-22和红旗-6弹炮导弹武器系统，完美地展示了远、中、近程及高、中、低空防空火力配系。

拓展阅读

中国航展，蓝天盛会

2018年11月6日，第12届中国国际航空航天博览会（简称中国航展）在珠海正式开幕。本届航展是中国航展迄今规模最大的一次。

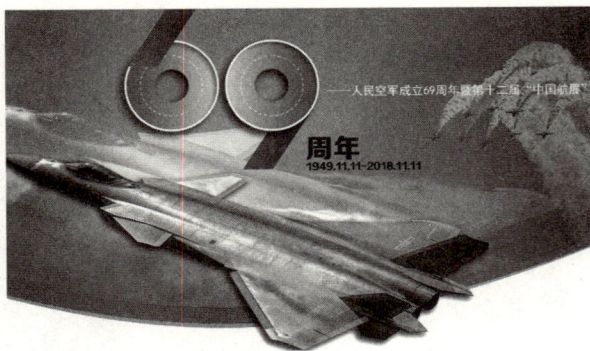

图7-12　人民空军成立69周年暨第十二届"中国航展"

在第12届中国航展上，歼-20、运-20进行飞行展示，歼-10B、轰-6K和空警-500进行静态展示，全面展现空军在改革开放、改革强军中取得的新成就。一场万众期待的空天盛宴如期上演：多架歼-20隐身战斗机以新涂装、新编队、新姿态进行飞行展示；运-20大型运输机重装飞行，劲舞苍穹；轰-6K、空警-500、歼-10B、翼龙系列、反隐身雷达等齐聚亮相；"八一""红鹰"两支"蓝天仪仗"联袂炫舞，技惊全场。

在为期6天的展会里，共有来自43个国家和地区的770家厂商参展，同比增长10%；来自50多个国家的近200个军政贸易代表团参观航展；专业观众近15万人次，普通观众约30万人次；签订了逾569个项目价值超过212亿美元的各种合同、协议及合作意向，成交了239架各种型号的飞机。

一次次航展充分展示出中国空军这些年的建设发展成就。走过了22年历程的中国航展，已经跻身世界五大航展之列。从最初国产军机零星亮相，到近几届国产主战装备成系列展出，中国空军以更加开放交流的自信、改革转型的情怀面对世界。

第一届至第十二届中国航展（1996—2018）主要数据一览表

年份	1996	1998	2000	2002	2004	2006	2008	2010	2012	2014	2016	2018
届数	第一届	第二届	第三届	第四届	第五届	第六届	第七届	第八届	第九届	第十届	第十一届	第十二届
参展国家	25	25	27	28	32	33	35	35	39	41	42	43
参展商	400	500	400	370	500	550	600	600	650	700	700	770
室内净面积	8 645 m²	9 200 m²	12 436 m²	15 000 m²	16 000 m²	17 000 m²	21 000 m²	23 000 m²	28 200 m²	35 000 m²	82 000 m²	100 000 m²
参展飞机	96	98	89	24	51	52	58	71	113	130	151	146
专业观众	2万人	2.3万人	3万人	6万人	8万人	9万人	9万人	10万人	10.8万人	13万人	13.5万人	15万人
普通观众	70万人	80万人	30万人	/	15万人	18万人	21万人	22万人	23万人	28万人	23万人	30万人
会议及论坛（R2B）	10	20	51	62	34	42	45	51	63	68	168	190
展会成交额	$20亿	$26亿	$8亿	$37亿	$46亿	$30亿	$40亿	$93亿	$118亿	$234亿	$400亿	$212亿
媒体	218	333	220	145	200	210	200	220	228	330	419	425

走在中国特色强军之路上的中国空军，正在按照"空天一体、攻防兼备"的战略目标，加快推进空天战略打击能力、战略预警能力、空天防御能力和战略投送能力建设。"国字号"歼-20、运-20、歼-16、歼-10C和轰-6K、空警-500等新型战机以及红-9地空导弹陆续列装空军部队，投入新时代练兵备战，空军实战化训练正在向高原、大海和远洋拓展延伸。

维护国家主权、安全、发展利益，是空军官兵的神圣使命。国家利益拓展到哪里，空军战略能力就延伸到哪里，为国家发展提供可靠的空天安全保障。空军近年来警巡东海、战巡南海、绕岛巡航，忠实履行使命任务，积极回应人民期待，书写了新时代练兵备战的新答卷。

吹响强军号角

军歌是歌颂军队、军人的歌，在中国又称红歌。武装军人过节时、文职军人演出时，都要唱军歌。《人民海军向前进》一歌唱出了我国海军保家卫国、发展壮大的决心和信心。

人民海军向前进

海政文工团创作组词　绿克曲

红旗飘舞随风扬，
我们的歌声多嘹亮，
人民的海军向前进，
保卫祖国海洋信心强。
爱护军舰，
像爱护自己的眼睛一样，
保卫和平保海防。
我们有毛主席英明领导
谁敢来侵犯就让它灭亡。

你了解人民海军的发展历程吗？

中国人民解放军海军成立70周年多国海军活动于2019年4月22日至25日在青岛及附近海上空域正式举行。海上阅兵于4月23日在青岛及其附近海上空域举行，采取舰艇单纵队航行、飞机梯队跟进的方式执行海上分列式。来自61个国家的海军代表团和来自13个国家的18艘舰艇远涉重洋，汇聚黄海，共贺中国海军华诞。

70年波澜壮阔，70载奋进跨越。从长江之畔的江苏泰州白马庙启航，人民海军一路劈波斩浪，走向远海大洋，逐步发展成一支能够有效维护国家主权、安全和发展利益的海上武装力量。

拓展阅读

中华人民共和国三次在青岛举行海上大阅兵

1957年海上阅兵

中央军委为庆祝建军30周年，于1957年8月4日在山东青岛黄海水域，举行了规模盛大的海上阅兵式。这次海上阅兵出动了当时我国海军所有的精锐力量，担当"主角"的是北海舰队的四艘进口俄罗斯的舰艇——鞍山舰（阅兵式旗舰）、抚顺舰、长春舰和太原舰。

1995年海上阅兵

1995年10月19日，中国海军在黄海某海域进行了一次海上战役演习，随后又举行了一场规模宏大的海上阅兵式。此次阅兵是建国、建军以来海军动用舰艇和飞机种类最全、数量最多的一次海上大阅兵。

2009年黄海大阅兵

2009年4月23日在中国青岛奥帆赛场地举行的海上阅兵式，有30多个国家和地区的海军舰艇参加此次海上大阅兵。此次海上阅兵也是中国人民解放军海军建军60周年庆祝活动的一部分。我国共有25艘舰艇和31架飞机参加了阅兵，参加本次检阅活动的还有来自俄罗斯、美国、印度、法国、韩国等14个国家的21艘舰艇。这是中国海军历史上首次邀请外国海军参加阅兵式。

中国人民解放军最早的海军部队

中国人民解放军海军是在陆军的基础上组建起来的。1949年4月4日，中国人民解放军第三野战军副司令员粟裕、参谋长张震奉中央军委命令，到达江苏省泰州白马庙乡，建立渡江战役指挥部，组建一支保卫沿海沿江的海军部队。

1949年4月23日，华东军区海军领导机构在白马庙乡成立，以原第三野战军教导师644人为基础组成华东军区海军。调来组建海军的还有一些在山东、江苏、浙江、福建、广东沿海各地开展海上游击战的武装力量。虽然人数不足两千，但它是中国共产党领导下的一支有代表性的海上武装力量。

1989年3月，中央军委批准将1949年4月23日定为人民海军成立日。

史海钩沉：抗日战争时期中日海军对比

1937年，中国海军拥有老式巡洋舰、轻巡洋舰、运输舰、练习舰、鱼雷艇等66艘，总吨位不到6万吨。

截止到1937年，日本海军拥有舰船285艘，总排水量达到115万吨，比当时的中国海军整整多了110万吨，日军的海军编成是12.7万人，有4艘航空母舰。水

图7-13 虎门海战中的"肇和"号巡洋舰资料图

上飞机母舰2艘，3.1万吨，战列舰9艘，27万多吨。重型巡洋舰12艘，轻型巡洋舰21艘，驱逐舰102艘，潜艇59艘，练习舰1艘，而一个练习舰就有1万吨排水量。潜水母舰5艘，还有布雷舰、海防舰、炮舰等，一大批军舰还在建造。

实力上的巨大差距，使中国海军处于打大规模海战力量严重不足，打小规模袭击战又缺乏准备的"高不成、低不就"状态。抗战爆发后，中国海军只得把舰艇安置在狭窄的江阴水域，成为日机狂轰滥炸的"活靶子"，未打一次海战就全军覆没。

相反，在淞沪会战、广东战役、昆仑关战役、桂南会战中，日本海军航空母舰、战列舰、巡洋舰等主动配合陆军进行空中打击和炮击，给中国军队造成了严重的损失。

"欲国家富强，不可置海洋于不顾。财富取之海上，危险亦来自海上。"600年前，我国著名航海家郑和就清醒地认识到了海洋安全的重要性。21世纪是海洋世纪，走向海洋是我国生存和发展的必由之路。作为一个典型的大陆濒海国家，海洋在我国国防建设和经济发展中占有举足轻重的战略地位。近年来，随着我国在海洋方面的战略利益不断拓展，面临的海上威胁日益加深，维护海上安全已成为国家面临的重大战略问题。

◎ 探讨交流

今天，我国维护海上安全的利器有哪些？

放眼今朝：中国已能建造走向大洋的国产航母

2015年12月31日，在国防部的例行记者会上，国防部新闻发言人杨宇军证实，中国第二艘航母正在大连建造。消息一出，国人振奋无比。

图7-14 海军辽宁舰

如今，第二艘航母建造工作进展顺利。从改建到自主建设航母，正是国家综合实力、海军装备建设水平的一大飞跃，表明我国已经完全掌握了建造航母的相关技术和管理经验。

首艘国产航母完全由我国自主设计制造，2013年11月开工，2015年3月开始坞内建造，并于2017年4月26日下水。2018年5月13日至18日，首艘国产航母完成了首次试航任务返港；8月26日，国产航母开赴相关海域开展第二次海试；10月28日上午从大连造船厂出发，出海进行第三次海试。

军事百科

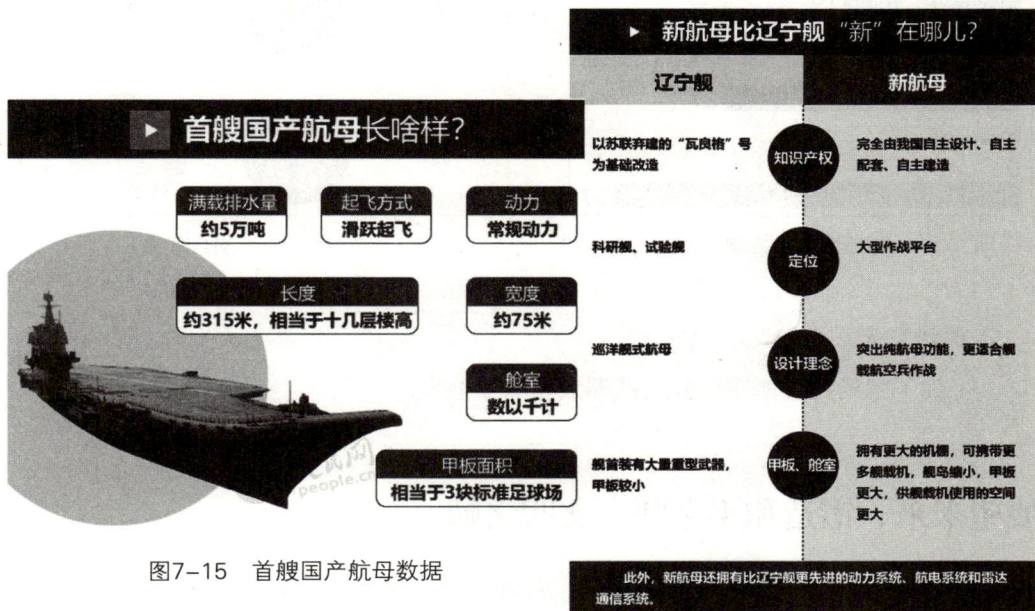

图7-15 首艘国产航母数据

图7-16 新航母与辽宁舰对比

从长江之畔的村庄起步，一路穿越溪流江河，一路涉过激流险滩，走向深蓝，拥抱大洋。

中国海军从来没有像现在这样威武雄壮：航空母舰接续下水，新型战舰批量入列，转型建设硕果累累，海上维权实现历史性突破……70年奋斗历程波澜壮阔，新时代崭新征程气壮山河。70年来，在中国共产党的坚强领导下，人民海军在战火中诞生，在发展中壮大，从无到有、从小到大、从弱到强。70年来，在战火中成长壮大的人民海军，已经成为一支捍卫国家主权和安全、维护国家海洋权益、应对多种安全威胁、完成多样化军事任务的海上钢铁长城。

军事百科

海军军备实力

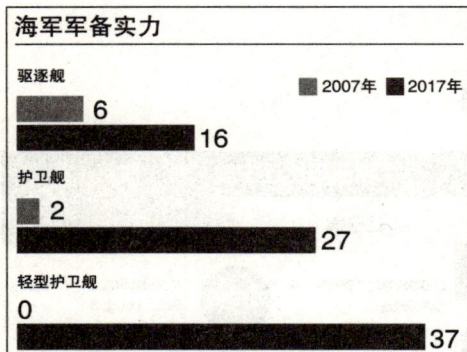

■2007年 ■2017年

驱逐舰
6
16

护卫舰
2
27

轻型护卫舰
0
37

图7-17 我国海军军备实力不断增强

海上阅兵规模

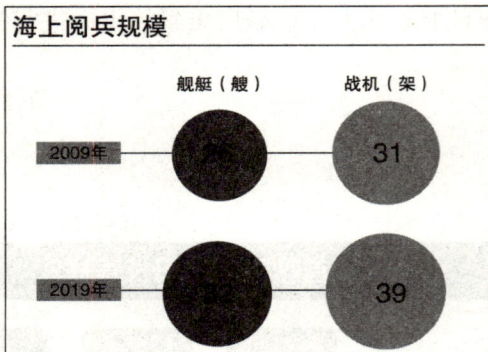

舰艇（艘）　战机（架）

2009年　31

2019年　39

图7-18 海上阅兵规模

◎ 探讨交流

你了解的我国海军的先进武器装备有哪些？

展望未来：锻造和平之师、文明之师

中国海军亚丁湾护航、海外撤侨、远航访问、海外医疗服务、国际救援等兵力行动"含金量"不断提高，展示了开放、自信、和平的大国海军形象。人民海军走向世界，意味着世界多了一支维护和平的坚定力量。

也门撤侨，中国"诺亚方舟"震撼世界

2018年2月16日，一部由中国海军官方参与制作的电影《红海行动》上映。上映12天，票房突破23亿元。从上映前的不被看好，到后来的叫好又叫座，一路逆袭。这是继《战狼2》《湄公河行动》后，又一部主旋律电影走红市场。《红海行动》是根据也门撤侨真实事件改编而成。该片讲述了中国海军陆战队"蛟龙突击队"执行索马里海域护航、前往非洲执行撤侨任务的故事。

自2015年3月26日起，由沙特阿拉伯、埃及、约旦等国组成的联军开始在也门地区打击胡塞武装。一时间，当地局势骤然紧张。3月27日，根据习主席和中央军委命令，外交部立即制定撤离行动方案，首次决定动用军舰撤侨。

4月2日，临沂舰奉命执行撤离225名外国公民的任务，这是中国军舰首次实施撤离外国公民的国际人道主义救援行动。当时，中国海军第19批护航编队政委夏平在

码头上发表讲话说："中国有句古话，叫'同舟共济'。你们即将乘坐的军舰，就是你们值得信赖的'诺亚方舟'。"

也门撤侨行动中，中国海军护航舰艇编队首次靠泊外国港口，直接执行撤侨任务，共有629名中国公民被安全撤出，同时还协助15个国家的279名外国公民撤出也门。中国政府在撤侨任务中展现出的大国担当，让中国赢得了国际社会的广泛尊重。

护航十二年，诠释大国责任担当

"我是中国海军护航编队，如需帮助，请在16频道呼叫我。"亚丁湾上空回响着的这条以汉英两种语言播发的通告，就像一剂定心丸，让过往的商船踏实前行。如今，在亚丁湾、索马里海域，高扬着五星红旗的中国海军护航编队，已成为附近海域及当地最值得人们信赖的一支和平力量。

十二年来，中国海军累计派出37批护航编队、100余艘次舰艇、70余架次直升机、28 000余人次官兵执行护航任务，共为6 700余艘次中外船舶护航，解救、接护和救助遇险船舶70余艘，持续保持着被护船舶和编队自身的绝对安全。

十二年来，中国海军为千余艘外国船舶实施了护航；解救、接护的船舶中，外国船舶占50%左右。在跟随中国舰艇安全通过亚丁湾后，各国商船纷纷通过鸣笛、灯光、电子邮件和感谢信等方式表达谢意，有的还组织船员列队向中国护航舰艇致敬。

回首护航十二载，中国海军护航编队以实际行动展现了担当大国责任的满满诚意，赢得了国际社会的广泛赞誉。中国海军正在用实际行动诠释责任与担当，为维护世界和平贡献中国力量。

拓展阅读

护航十周年——众多"首次"，记录难忘瞬间

首批护航编队

2008年12月26日，由武汉舰、海口舰和微山湖舰组成的首批舰艇编队从三亚启航，赴亚丁湾索马里海域执行护航任务，这是我国首次使用军事力量赴海外维护国家战略利益，履行国际人道主义义务和保护重要运输线安全。

首次护航行动

2009年1月6日，首批护航编队开始执行首次护航任务，为四艘中国商船伴随护

航。1月29日，护航编队首次解救了被海盗船只围堵的希腊籍商船。

首次与外国军队联合护航

2009年9月，海军第3批护航编队首次与俄罗斯海军执行联合护航任务，并共同组织联合反海盗演练。

首次获得航运和人类特别服务奖

2009年11月23日，武汉舰、海口舰、深圳舰、黄山舰和微山湖舰被国际海事组织大会授予"航运和人类特别服务奖"。

首次武力营救被劫持商船

2010年11月20日，第7批护航编队特战队员登上被袭击的中国籍特种运输船"泰安口"轮并驱离海盗，全数船员安全获救。

首次也门撤离中外公民

2015年3月26日，第19批护航编队奉命前往也门，转战3国完成897名中外公民撤离任务，创造了我国首次军舰直接靠泊外国港口撤侨、首次执行外国公民撤离任务、首次在战场炮火威胁下撤侨的纪录。

护航编队首次环球访问

2015年4月3日，由济南舰、益阳舰和千岛湖舰组成的152舰艇编队完成护航任务后，赴埃及、瑞典、美国、古巴、澳大利亚等13国进行环球访问，此次任务历时309天，航经三大洋五大洲，靠泊16国18港，任务航程之远、途经海域之广、时间跨度之长、访问国家之多均创人民海军历史之最。

首次武力营救遭海盗登船袭击的船舶

2017年4月9日，第25批护航编队营救一艘遭劫持的图瓦卢籍货船，16名特战队员在掩护下登上货船，将全数船员解救出安全舱，并抓获了3名海盗。

进入新时代，人民海军坚定不移地加快现代化进程，大踏步赶上时代发展潮流，加速向全面建成世界一流海军迈进，取得了举世瞩目的伟大成就，正以全新姿态屹立于世界东方。

我们的强军目标是建设一支听党指挥、能打胜仗、作风优良的人民军队。中共中央总书记、国家主席、中央军委主席习近平强调，要深入贯彻新时代党的强军思想，必须要坚持政治建军、改革强军、科技兴军、依法治军，加快形成中国特色、世界一流的武装力量体系，构建中国特色现代作战体系，推动人民军队切实担负起党和人民赋予的新时代使命任务。

强军才能卫国，强国必须强军。在习近平强军思想引领下，陆军为适应改革重塑后的联合作战、全域作战要求，掀起了以上率下研战谋战、领导带头练兵备战的热潮；海军舰艇部队常态化远航、多元化用兵，在联合军演、远海护航、远海搜救等重大任务中经受锤炼；空军部队按照"空天一体、攻防兼备"战略转型要求，正向全疆域作战的现代化战略性军种迈进……

"实现中华民族伟大复兴是中华民族近代以来最伟大的梦想。这个伟大的梦想，就是强国梦，对军队来讲，也是强军梦。"在实现强军梦、中国梦和构建人类命运共同体的伟大征程上，人民军队正书写恢宏壮丽的时代篇章。

参考文献

1. 本书编写组. 强军［M］. 北京：人民出版社，2017.

2. 周碧松. 战略边疆——高度关注海洋、太空和网络空间安全［M］. 北京：长征出版社，2015.

3. 吴国辉. 科技铸剑——国防科技和武器装备创新发展［M］. 北京：长征出版社，2015.

4. 欧建平. 精锐之师——构建现代军事力量体系［M］. 北京：长征出版社，2015.

5. 涂学能. 开国大阅兵［M］. 北京：中央党史出版社，2009.

6. 张召忠. 走向深蓝［M］. 广州：广东经济出版社，2011.

7. 张召忠. 百年航母［M］. 广州：广东经济出版社，2011.

8. 金一南等. 大国战略［M］. 北京：中国言实出版社，2017.

综合探究 》》》

2017年7月28日，中央军委颁授"八一勋章"和授予荣誉称号仪式在北京八一大楼隆重举行。习近平主席向10位"八一勋章"获得者颁授了勋章和证书。新设立的"八一勋章"作为军队的最高荣誉，将每五年评选一次。

从我军1931年颁授的第一枚"红旗勋章"，到"八一勋章"的评授，仿佛让人看到人民军队从胜利

图7-19　八一勋章

走向胜利的脚步。每一枚勋章都见证着中国革命和社会主义建设伟大征程中的重要历史时刻。每一枚勋章都是军人用热血与生命铸就的崇高荣誉，浓缩着英雄模范的杰出贡献，充分体现了党和国家对英模典型的崇高敬意和高度褒奖，值得我们永远铭记！中国特色社会主义新时代的授勋必将极大地提振军心士气，激发昂扬斗志，激励全军汇聚起为实现中国梦、强军梦而奉献的强大正能量。

★查询与分享

你听说过"红旗勋章"、"八一"红星奖章吗？能给同学们讲讲勋章和它们的主人的故事吗？

中华人民共和国成立以来，我军进行过几次大规模的授勋活动？新设立的"八一勋章"在建军90周年之际进行首次颁授，有什么特殊意义？